勝利をつかむ！

卓球
最強のメンタルトレーニング

卓球ナショナルチーム メンタルサポート
岡澤 祥訓●監修

メイツ出版

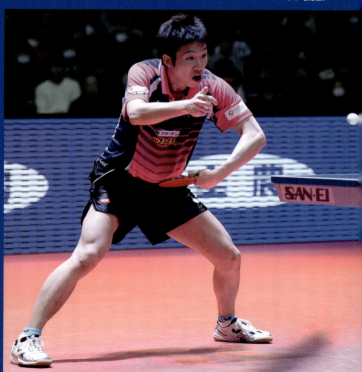

写真提供
卓球レポート／バタフライ

はじめに

　卓球はサッカーや野球のように試合に引き分けがなく、最後の1ポイントが決まるまで勝者がわからないスポーツです。したがって、常に攻撃的なメンタルを持ち続けてプレーしなければ、結果が出ない競技といえます。そのため試合の展開はもちろん、対戦する選手同士の実力差、観客や応援の声援、審判の判定などに左右されず、常に「平常心」でプレーし続けられることが勝敗に大きく関わります。

　これは地域の大会や部活動でプレーする卓球の選手たちに限ったことではなく、世界、そして日本で活躍するトップ選手も同じことがいえます。

　そして多くのトップ選手たちが「卓球とメンタル」の強い結びつきに気づき、卓球技術の向上とともに、メンタル面の向上にも取り組んでいます。その代表的な選手が、日本男子エースの水谷隼選手であり、女子代表で活躍された福岡春菜さんです。本書は日本卓球を代表する二人に、試合を通じて経験した卓球とメンタルの関わり、重要性について話を聞いています。

　世界で戦う選手ならではの体験談や成功例と失敗例などを紹介しつつ、みなさんが卓球をプレーするうえで必要なメンタルに対する意識と気づき、メンタルを向上させるメソッドを解説していきます。

　実は卓球の日本代表チームは、はやい段階からメンタルの専門家をチームに帯同させ、選手のケアにつとめてきました。水谷隼選手や福原愛選手、石川佳純選手の世界ランキングの上昇はもちろん、それに続くジュニア世代の選手たちの活躍も決して偶然ではなく、卓球大国である中国の背中が見えるところまできているのです。この本が日本卓球の底辺拡大、さらなるレベルアップにつながり、次代トッププレーヤーの輩出につながることを願ってやみません。

奈良教育大学教授　岡澤 祥訓

写真：卓球レポート／バタフライ

この本の使い方

本書は卓球の試合で勝つために、メンタルをどのようにコントロールすればよいか、そのポイントを紹介しています。

各ページは「MENTAL」という項目ごとに、必要な知識や技術の秘訣をわかりやすく解説しています。「練習ではうまくいくのに本番では実力がだせない」、「すぐに緊張してしまう」という悩みを持つという選手や、「今までよりも試合に余裕を持って挑みたい」と、さらなるレベルアップを望んでいる選手まで、幅広くメンタルの向上に必要なコツをカバーしています。

本文の説明では、気持ちがゲームに及ぼす影響や、普段の取り組みの大切さなどメンタルについてわかりやすく解説。具体的な実践方法については、写真やコメントなどでビジュアル的に理解しやすい構成になっています。

MENTAL01から順番に読んでいくことはもちろん、気になる部分を中心にチェックしたり、弱点克服や課題のクリアなど、自分のレベルや状況に合わせて活用することもできます。

タイトル
このページでメンタルを強化するための目的や手段などが一目でわかるようになっている。

解説文
メンタルと関係する知識を解説している。じっくり読んで理解を深めよう。

POINT
タイトルに連動して、メンタルを強化するポイントを写真と文章で解説している。

POINT ❶ 攻撃を続けることでゲームを支配する

卓球ではチャンスボールをしっかり打たないと、逆に相手が攻めに転じてくる。瞬時に攻守が入れ替わるのが卓球の特徴だ。攻撃的にゲームを支配することが勝利の近道ではあるが、ちょっとした隙を相手に見せれば、いつでも形成は逆転し相手に主導権が渡る。

POINT ❷ 最後の1ポイントまで気を抜かない

卓球の場合、引き分けや延長戦、PK戦のようなものはない。つまり最後の1ポイントが決まるまで「勝者」「敗者」がわからないスポーツだ。仮に大きくリードしていても試合が終わるまで油断できない、常に緊張感を持ってプレーすることが大切なスポーツだ。

POINT ❸ 常に攻め続ける気持ちを持つことは難しい

大きくリードしていても、勝ちを意識した途端に弱気になってしまうことがある。そのような場面でしっかり攻めないでいればラリーはもちろん、ゲームの主導権が相手に渡っていく。だが常に攻め続ける気持ちを持ち続けることはトップアスリートでも難しい。

+1 プラスワンアドバイス
絶対リードも「安心」ではない 卓球のメンタルへの影響

卓球は最後の1ポイントが決まるまで試合は終わらないため、リードしていても安心はできない。例えば「9-7」あと2点で勝利が決まる場面で、相手にポイントが入り「9-8」になってしまうとリードしている意識はなくなり、リードを守り切ろうという守備的なメンタルに陥りやすい。

プラスワンアドバイス
メンタルに関する詳しい知識や、動作など細かな方法などをアドバイスしている。

CONTENTS

はじめに ……………………………………………………………………… 2
この本の使い方 ……………………………………………………………… 4

PART1　卓球とメンタルマネジメント …………………………… 9
01　水谷隼に聞く　世界で勝つために強いメンタルを手に入れる ………… 10
02　福岡春菜に聞く　自分にとってベストのメンタルコントロール法を探す ………… 22

PART2　メンタルが乱れる要因と対処法 ……………………… 31
03　卓球の特徴　攻め続けなければ勝てないスポーツ ……………………… 32
04　卓球とメンタルの関わり　勝ちを意識すると心が動く ………………… 34
05　メンタルに影響する外的な要因　対戦相手、審判、観客が影響する ……… 36
06　メンタルトレーニング（＝マネジメント）とは①　自ら気づき、メンタルトレーニングを行う … 38
07　メンタルトレーニング（＝マネジメント）とは②　内からのエネルギーで卓球に取り組む …… 40
08　メンタルトレーニング（＝マネジメント）とは③　プラス思考で試合にのぞむ ………… 42
Column　会場のため息が選手のメンタルを押しつぶす ……………………… 44

PART3　日常から行うメンタルトレーニング …………………… 45
09　メンタルマネジメント①脈拍測定　脈拍を計ってメンタルを把握する ……… 46
10　メンタルマネジメント②深呼吸法　深呼吸を効果的に取り入れる …………… 48
11　メンタルマネジメント③筋弛緩法　両手に力を入れて、フッと抜く ………… 50
12　メンタルマネジメント④ルーティン　いつもと同じ動作で実力を発揮する …… 52
13　メンタルマネジメント⑤サイキングアップ　気持ちをあげてプレーにのぞむ … 54
14　メンタルマネジメント⑥セルフトーク　ポイント間でセルフトークを入れる … 56

| 15 | ストレッチとは　筋肉を伸ばして疲労除去・ケガ予防する ……………… 58
Column　自律訓練法でリラックスする ……………………………………………… 66

PART4　メンタルを強くするための準備　……………………… 67

| 16 | 目標設定　憧れの選手・理想の選手を目標する ……………………………… 68
| 17 | 短期的な目標をつくる　目標に到達するまでのハードルを立てる ………… 69
| 18 | ハードルを越えるための年間スケジュール　1年ごとの段階的な目標を立てる … 70
| 19 | 1年間のコンディショニング　重要な大会にピークを合わせる …………… 71
| 20 | ダブルスペアの組み合わせ　相性の良い選手同士でペアを組む …………… 72
| 21 | 団体メンバー選考　チーム内のランキングで選手を選考する ……………… 73
| 22 | 効果的なインターバル　指導者のアドバイスを参考にする ………………… 74
| 23 | 戦術プランの準備　試合展開を想定しプランを練る ………………………… 75
| 24 | 試合でのアクシデントに備える　試合中のアクシデントに対処する ……… 76
| 25 | 試合会場の照明や空調をチェックする　「全員が同じ条件」と考えて切り替える …… 77
| 26 | 試合当日の起床から会場入り　早めに食事を摂って会場に入る …………… 78
| 27 | 前日の過ごし方　試合前日の練習は確認にとどめる ………………………… 79
| 28 | 日頃の練習①集中力アップ　集中力を高める練習に取り組む ……………… 80
| 29 | 日頃の練習②不利なジャッジで練習試合をする　ミスジャッジに練習試合で慣れておく … 81
| 30 | イメージトレーニング　練習・試合前にイメージトレーニングをする ……… 82
| 31 | 卓球ノート　卓球ノートを毎日書く …………………………………………… 83
Column　練習は改善点や反省・試合は振り返りながら分析 …………………… 84

PART5　試合でのメンタルマネジメント　………………………… 85

| 32 | 試合中のメンタル　試合での心理をチェックする …………………………… 86
| 33 | 試合中の表情　ポーカーフェイスを心がける ………………………………… 88
| 34 | 視線のコントロール　視線を泳がさず一定にする …………………………… 89
| 35 | リラクセーション　軽く体を動かして緊張感を緩和する …………………… 90

36	セルフトークの活用　前向きなセルフトークでミスを忘れる	91
37	試合中にイライラしてしまう　深呼吸で冷静さを取り戻す	92
38	最後の1ポイントまで集中する　相手のミスを期待しない	93
39	プラス思考の継続　相手を超えるべき壁として認識する	94
40	ダブルスのコミュニケーション　ポジティブな言葉をパートナーにかける	95
41	試合中の切り替え　チェンジエンド・タイムアウトで落ち着く	96
42	試合結果に対する感情　「勝利は喜び」「敗北を言い訳しない」	97
43	プレーの評価　試合を振り返り課題を見つける	98

PART6　トップ選手になるためのメンタルの壁 …………… 99

44	強いチームでのレベルアップ　強豪チームの心構えを身につける	100
45	勝たなければならない重圧感　相手が自分をどう見ているのか考える	101
46	控えとレギュラーの考え方　チームを団結して強くなる	102
47	対戦相手のリサーチ　相手を調べて試合の準備をする	103
48	チームの一体感　チーム全員が高い意識を持って上達を目指す	104
49	団体戦のメンタル　控え選手がレギュラーのサポートをする	105
50	試合でかかる重圧　緊張やプレッシャーを味方につける	106
51	試合展開での優劣　積極的なプレーで主導権を握る	107
52	相手応援団の声援　相手選手の重圧を想像して優位に立つ	108
53	味方応援団の声援　声援に対しては全力プレーで返す	109
54	得点シーン　喜びを表現してリフレッシュする	110
55	相手への威嚇　威嚇行為は自分の首を絞める	111
56	日本人の性格　プレッシャーへの弱さを自覚する	112

PART7　メンタルのまとめ ………………………………… 113

| 57 | トップ選手たちのメンタリティー　メンタルを強化して世界のトップに立つ | 114 |

PART 1

卓球と
メンタルマネジメント

PART 1 MENTAL **01**

水谷隼に聞く

世界で勝つために強いメンタルを手に入れる

世界の強豪との対戦から学んだメンタルの重要性

　卓球は対戦する相手との距離が近いスポーツであり、子供の頃から指導者の方に技術や体力だけでなく精神面も磨くことが大切だと教えられてきました。ただ、ジュニア時代まではメンタルについて深く考えたことはなかったと思います。

　その頃は試合に負けても、メンタルが原因ではなく、技術が足りなかったり戦術面で失敗したりすることが原因だと考えていました。**それが6、7年くらい前から海外の強豪選手たちと頻繁に対戦するようになり、日本人選手と試合をしている時と同じような気持ちではダメだと感じ、それからメンタルについて自分なりに勉強するようになりました。**

写真：卓球レポート／バタフライ

海外の強豪選手との対戦を通じて、メンタル重要性を再確認。

―― **2007年の全日本選手権を史上最年少で優勝し、以降シングルス5連覇(ダブルス4連覇)を果たすが、年を追うごとにプレッシャーは大きくなる**

たしかに連覇を重ねるごとにプレッシャーが重くのしかかってきました。3連覇していても、一度負けたら再び3連覇をするには最低でも3年かかりますし、勝ち続けることの重圧は年々増していきました。連覇を途切れさせたくない、負けられないという気持ちから、プレーが消極的になってしまった試合もありました。また、世界選手権や五輪といった大きな国際大会にも出場するようになると、その直前に体調を崩したり睡眠不足に陥ったりするようにもなりました。そうした経験も、メンタルの重要性を考えるきっかけになったと思います。

写真：卓球レポート／バタフライ

プレッシャーを克服してリラックスして試合にのぞむ

　自分なりにいろいろ試しましたがうまくいかず、改善策が見つからないまま、苦しい中でずっと戦っていましたね。そんな中、2014年の世界選手権（東京大会）の前に岡澤祥訓先生の講義を受ける機会があって、講義後に直接相談してみたんです。選手としてのレベルが上がって周囲から勝って当たり前とされる試合が増えるにつれ、負けることが怖い、そのプレッシャーに対して自分をうまくコントロールすることができない、と率直に打ち明けました。すると岡澤先生から「試合前から集中し続けるのはよくない。リラックスしたほうがいい」というアドバイスをいただき、すごくラクになりました。

たしかに自分は試合前から集中を高めて、いざ試合が始まればリラックスするというタイプでした。集中しすぎることで

試合前に集中を高めすぎると、逆にメンタル面が疲労するので、リラックスして試合に臨むべき。

写真：卓球レポート／バタフライ

精神的に疲れた状態で試合に臨んでいたんです。それ以来、試合前はなるべくリラックスするようにしています。

　もちろん戦術面や相手選手の特徴については考えたりチェックしたりしますが、試合の展開や結果までは極力考えないようにしています。とはいえ国際大会などでメダルがかかるようなビッグゲームの前は今も考えてしまうことがあるのですが、そういう時ほど試合の内容や結果が悪いですね。試合開始の直前まで展開を細かく考えたり理想のプレーを強くイメージしたりしても、試合が始まってそれらが少しでもズレてしまうと、かえってプレッシャーになって思い切ったプレーができなくなってしまうんです。

　基本的な戦術や作戦を立てたら、試合が始まるまではそれができるかどうかを考えずにリラックスするように努め、試合が始まったら立てた作戦を実行することだけに集中する。こういう考えに徹することで試合前のプレッシャーに苦しむことがだいぶなくなり、良い精神状態で戦えるようになりました。

相手の作戦や心理への「読み」は技術と同様に重要なスキル

　試合中、相手選手の作戦や心理を「読む」ことは卓球に限らずすべてのスポーツにおいて大切なポイントですし、相手との距離が近く、プレースピードも速く、インターバルも短い卓球の場合、「読み」は技術面と同じくらい重要なスキルだと思います。

また、相手のプレーの心理状態を読むことだけでなく、自分がやると決めたプレーを必ず実行する強さも必要です。相手が自分より格上の選手だったり大きくリードされたりすると、サーブやリターンなど何か変えなくてはと思いがちです。

　目の前の1ポイントが欲しくて焦ってしまうんですね。変えること自体は悪いことではないのですが、急に何かを変えるというのは当然リスクがあります。

そのリスクを背負ってプレーする覚悟というか、**リスクを承知の上で最大限集中して最高のボールを打たなければならないと僕は思います。思い切って変えるからには相手がとれないような軌道やスピード、コースのボールを打つ**。とりあえず変えてみようという中途半端な気持ちで実行してもうまくいかないし、流れをさらに悪くするだけです。

　ゲームカウントでもポイントでも相手に大きく離されてしまった時でも、ある程度「負け」を意識しても試合を捨てるようなことは絶対しません。相手が慢心して隙が生まれることもあるし、勝ちを意識し過ぎて凡ミスをおかすこともあります。

　そんな時はまずはこちらがミスしないことを心がけ、時には思い切って戦術やプレーをガラッと変えて相手を揺さぶることもあります。結局負けてしまったとしても、終盤で相手がどんな心理状態になりプレーにどんな影響を及ぼしたのか、さらに自分がどんなプレーをしてどれだけ粘れたか、といった経験を得ることはとても大切なことだと思います。

試合中にプレーを変えることにはリスクが伴う。当初のプランから外れても思い切りプレーできるメンタルの強さが必要。

水谷選手はアウェーの会場であっても、その雰囲気を自分を奮い立たせる力に変えてパフォーマンスを発揮する。

写真：卓球レポート／バタフライ

心と体の消耗を減らして ベストコンディションで 試合にのぞむ

—— 大会の期間中は試合前に練習をしすぎないようにも心がけている

　大会では1日3、4試合、多い時は5、6試合、それを3日間続けることになり、一日に6、7時間プレーし続ける計算になります。普段の練習でもそれくらいはプレーしているわけですが、**大会では試合の合間にも戦術を考えたり、練習では感じないプレッシャーがあったりと精神的な消耗度が全然違います**。練習時間を長くすると消耗がさらに進み、試合で十分なパフォーマンスを発揮できなくなります。練習している時はプレーに集中して余計なことを考えなくて済むので、プレッシャーからは解放されるかもしれませんが、心身両方のスタミナの消耗というデメリットのほうが大きいのではと僕は思います。

—— 完全アウェーの会場でも心を乱さず、初出場した2005年世界選手権（上海大会）で、当時世界ランキング8位の中国選手を破ってベスト32入り

　地元選手で会場は完全なアウェー状態で、インターバル中や相手のショットが決まるか僕がミスするたびにものすごい声援が巻き起こるのですが、その状況にいい意味でムカついていたというか、絶対に勝って彼らを黙らせてやろうと思っていました。自分がポイントをとると声援が一瞬だけおさまるのが心地よくて、勝った時はかつてない快感を覚えました(笑)。当時は16歳と若く、怖いもの知らずだったこともありますが、**会場の雰囲気をうまく自分を奮い立たせる力に変えられたことが勝因のひとつだったと思います**。

17

「試合で負けてもバネにならない」妥協のない練習への取り組み方

　試合に負けて課題が見つかることはあってもバネにはならない、というのが僕の考えです。もちろん負けるとすごく悔しいですし、落ち込むこともあります。でも、その悔しさをバネにして練習を今まで以上に頑張るというのは、そもそもその試合の前にもっと頑張れたということ。ものすごく一生懸命練習して試合をやって負けたら、それ以上はできないと思うし、僕自身、負けるまでに一生懸命やっているから、それ以上頑張れないと感じます。負けることがバネになる人はそれまでの過程のどこかで妥協していたのではないでしょうか。僕も昔は負けて落ち込んで「あの時こうしていたら」とか、とても後悔するタイプでした。

　今は逆に敗戦がバネにならないのを知っているから、負けた後には、次のことしか考えないようしています。ただ、負けた後の立ち直りがまだまだ遅いですね。負けを引きずらないようにすることは、メンタル面での修正課題のひとつです。

　自分自身はメンタルが強いとは思っていません。優勝やメダルがかかるなど大きな試合の前は緊張してしまいますし、どうすれば緊張しないのか教えてほしいです(笑)。ただ、そういう時には、自分を客観視しながら「このオレ様が緊張するんだ」と考えることで、緊張からワクワクする感じになるように意識を変えています。

　また、以前はビッグゲームになると自分で自分にプレッシャーをかけて「絶対優勝します」とか宣言していましたが、今は開き直って「負けたら負けたで仕方がない」というような気持ちに変化しています。勝つ時というのはプレッシャーをかけてもかけなくても勝つし、負ける時には何をやっても負ける。だから、自分自身に必要以上のプレッシャーをかける必要はないと思っています。

　これは僕自身の経験からなのですが、自分のためにやっていると思ったら、厳しい練習や生活、試合には耐えられないし、乗り越えられないんです。「今日は疲れたからこの辺でいいか」「ここまで厳しくやらなくてもいいんじゃないか」と妥協してしまう。でも、**自分を支えてくれる人のためだと思えば、ストイックになれるし、練習でももうひと踏ん張りすることができる。**自分が負けて家族や身近な人が悲しむ姿を見たくない、そのためにつらいことに耐えて頑張ろうと思えるんです。

写真：卓球レポート／バタフライ

「自分のためではなく、支えてくれる人たちのため」と考えることで、懸命に取り組めるようになる。

メンタルの強さの土台になるのは技術。
技術があれば試合を通して強気なプレーを
仕掛けられる。

写真：卓球レポート／バタフライ

勝つことに貪欲になり
ほどよい緊張で試合を戦う

　勝つことに対してもっと貪欲になることだと思います。大げさに言えば、自分は試合で勝つことに命をかけているんだというくらいの強い気持ちで、日々の練習に一生懸命取り組むことです。また、練習でも極力ミスをしないように意識し、実践することも大切です。僕は練習では常に「ミスしたら指1本切り落とされる」くらいの気持ちで臨んでいます。練習でのミスを軽く考えているうちは強くなれませんし、ミスをしてしまったら本気で悔しがり、次は絶対にミスしないようにあらためて集中し直し、最高のボールを打つようにする。こうして、これ以上はできないというくらい一生懸命練習をしていれば、試合前に緊張しても「負けたら負けたで仕方がない」と開き直れるし、試合中に劣勢に立たされるとすぐに弱気になることもないはずです。

　さらに、メンタルに必要なのは技術です。**いくらメンタルが強くても技術がなければ試合では勝てません。練習で技術を磨き、技術の幅を広げることで、試合中の強気を保つことができるし、戦術の切り替えや心理的な駆け引きを仕掛けることもできるのです。**競り合った場面に弱い選手というのは、強気にプレーしようとして、それまで使っていない、自信のない技術や戦術で勝負してしまいがちなのですが、実はこれは強気ではなく、苦しい状況の中でその苦しさに耐えられなくて、ただ「逃げている」だけなのです。「強気の戦術」というのは、耐えながらも自信のある技を使っていくことです。自信のない無理なボールを打ってしまうのは「強気」ではなく、ただ「無茶」なだけです。

　試合で最後まで強気のプレーに徹するためには、やはり普段の練習がカギを握ります。「練習を一生懸命やる」と言うのは簡単ですが、最初から最後まで集中を保ちながらミスを極力しないように取り組み、それを1週間、1ヵ月、1年と積み重ねていくのは簡単ではありません。

　勝つことに貪欲になるということは、すなわち日々の練習に貪欲に取り組むことなのです。試合になると緊張しすぎて普段の実力が発揮できないというのなら、普段の練習でそのときの緊張感を思い出し、同じような緊張感の中で必死にプレーすることを心がければいい。練習と試合を切り離しているようでは、勝つことに対する貪欲さがまだまだ足りないのだと思います。

PART 1 MENTAL 02

福岡春菜に聞く

自分にとってベストの
メンタルコントロール法を探す

王子サーブを通じてのメンタル強化

　卓球は頭を使うスポーツであることから、心理面の振れ幅がプレーに大きな影響を及ぼします。調子が良いときはラケットを自分の手のひらの一部であるかのような感覚で操って打てるのに対し、緊張感などのメンタルの乱れから手が震えて、それがラケットに伝わり、普段のプレーが全くできなくなることもあるのです。

　メンタルが及ぼすプレーへの影響を意識するようになったのは、中学生になった頃です。きっかけは、卓球の雑誌に掲載されていた岡澤先生のメンタル理論でした。当時、強豪校である四天王寺中学に入学した私は、チームで1番の落ちこぼれで自信を失っていました。そんなときに読んだのが岡澤先生の記事だったのです。そこには華々しいキャリアを積んできたとは言い難い選手が、メンタルを鍛えることで強い選手へと成長する指導過程が書かれており、「メンタルひとつでこんなにも

ハイリスクハイリターンな王子サーブの練習が、結果的にメンタルの強化につながった。

写真：卓球レポート／バタフライ

変わることができるんだ」と勇気が湧いてきたのです。それから、岡澤先生の連載記事などを読み、一方的にですがメンタル強化の参考にさせてもらうようになりました。

とはいえ、当時は記事を読む程度で具体的なメンタルトレーニングに取り組んではいませんでした。しかし中学二年生の秋頃から始めた王子サーブの練習は、ある意味ではメンタルに通じていたかもしれません。**王子サーブは難易度が高く、ハイリスクハイリターンの技術です。その諸刃の剣を試合の一番大事なところでこそ打ち込まなければならないので、平常心で繰り出せるように練習を積み重ねていました。**

その内容は、コートの対面に具体的な相手を思い浮かべて王子サーブを打つ、というものでした。次の対戦相手やライバル選手、憧れの選手など具体的な人物をイメージし、鳥肌が立つほどの緊張状態に自分を追い込んでサーブを打ち込むのです。練習から試合に近い状態を作って打ち続けたことは、王子サーブの習得に加えてメンタルの強化にもつながっていたと思います。

自信につながることを毎日続けたことで、前向きに思考できるようになり、試合で実力を発揮できた。

写真：卓球レポート／バタフライ

自信を身につけて メンタルを上向きにする

　2006年の世界選手権大会（ブレーメン）が私にとって初めての世界の舞台でした。大会前のナショナルチーム合宿で初めて岡澤先生と対面しました。メンタルトレーナーとしてチームに帯同していらっしゃったのです。この大会に出場するまでには、紆余曲折がありました。国内でなかなか勝てないなかで、2004年のユニバーシアードで優勝することができ、注目してもらえてそれからも国外で良い成績を残せていました。にも関わらず、世界選手権のメンバー選考に関わる肝心の全日本選手権ではベスト16止まり。自分に期待をかけて世界選手権を強く意識していただけに、この成績は精神的につらいものがあり、かなり落ち込んでしまいました。それでも監督推薦で世界選手権の代表に選んでいただいたのですが、念願の選出だったものの5人いるメンバーのなかで唯一国内タイトルを持っていなかったことに劣等感を抱いてしまい、私の精神状態はとても不安定でした。

　しかし私は、世界選手権で団体戦3位に貢献する良い成績を残すことができました。それというのも、岡澤先生が私のメンタルを上向かせてくれたからです。岡澤先生は大会に向けた合宿での面接で「練習で100％やれるだけのことはやろうや、それで負けたら仕方ないやないか」と、ポジティブな声をかけてくださいました。それから「何か自信を持てるようなことをしなさい」と教えてくださり、**私は毎日10km走るようにしました。「頑張ってきたんだ」と思えるものを作ることで自信を得られ、私が抱いてた劣等感は払拭されたのです。**

　大会期間に入ってからも、岡澤先生はいつも私を気にかけてくれました。私が過緊張になるなどメンタルに問題を抱えていたことを案じて、監督が岡澤先生に口添えしてくれていたところもあったようです。岡澤先生は朝食から会場入りまで、ずっと一緒に行動してくださいました。**自分の抱えている思いを受け止めてくれる存在がいたことは非常に心強く、溜め込まずに口に出すことで気持ちを整理でき、不安感も解消されて良いメンタルコンディションで試合に挑めました。**

　岡澤先生と過ごすことで、自分の気持ちを口に出すなど、自分自身のメンタルコントロール法が理解できた部分もありましたね。

メンタルをプラスにする選手それぞれの応援フレーズ

　私は応援されると燃えるタイプでした。相手選手が応援団を連れているときも、その応援が自分に対して向けられているものだと考えるように心がけることでメンタルへの影響を抑えていましたね。しかし、どうしても影響を受けてしまった嫌な応援が一度ありました。

　3-1でリードしていた展開だったものの、相手がこちらのボールに慣れつつあり、徐々に思い通りに試合を進められなくなっていました。劣勢の相手が盛り返してくるとその応援団も乗ってきて、一方私はプレーの引き出しが尽きかけていて焦っている状況だったので、グラついた心にタイミング悪く攻め込まれた形になり、一気に流れを奪われて4セット連取の逆転負けを喫したのです。あの場面、応援団さえいなければ結果は変わっていたかもしれません。自分の調子が良ければ相手への応援は気になりませんが、メンタルが乱れている場面では思わぬダメージを受けてしまうことがあるのです。

　反対に、応援に助けられたこともたくさんあります。団体戦の前にはメンバーで集まり、互いに大事な場面でかけて欲しい言葉を教え合っていました。**言ってもらいたい応援のフレーズというのは選手によって違うもので、「ここ一本とろう」という一言でもポジティブになれる選手がいれば、マイナスに受けとってしまう選手もいます。**応援が戦う選手の邪魔にならないように、事前に効果的なフレーズを共有しておくのです。私の場合は不安になると振り返ってベンチを見てしまう癖があったので、「どんな悪い状況でもうなずいて欲しい」とリクエストしていました。おかげで、このまま行けばいいんだ、とメンタルを立て直すことができました。また、自分もうなずくことで相手に対して「まだ何かしてくるかも？」と思い込ませられる良い効果もありましたね。

思考をマイナスに入れないための方法を実践

　緊張や不安感があるときは、岡澤先生から習った筋弛緩法をよく実践していました。試合前はもちろん、試合中のインターバルでもやっていましたね。肉体的にリラックスすることで精神的にもリラックスでき、気持ちを落ち着かせられました。足元がふわふわしたような状態から、しっかりと地に足をついて安定するような感覚がありましたね。それと、試合に挑む際にチームメイトに背中を叩いてもらっていました。チームメイトひとりひとりと握手をして、最後の人に「行ってこい」と

いう感じでバンと、割と強めにお願いしていました。中学生の頃からの習慣で、私にとっておまじないのようなものでした。現役の最後までやっていましたね。

劣勢の場面では、また別の方法を実践していました。**追い詰められると焦りや迷いから思考が止まり、悪い方にメンタルが傾いてしまうので、それを食い止めることを第一に考えなければなりません**。私はそのために、体を動かし続けることを心がけていました。ラリーが終わって相手がボールを拾いに行っている間も、コートの後方をぐるぐる歩いたりして、足を止めないようにしていましたね。すると自分のリズムを保つことができるのです。

極めて厳しい状況では、頭の中でひたすら数字を数えていましたね。これは将棋のある女流名人の方に教わった方法なのですが、メンタルが決壊する寸前のギリギリの場面では、関係のないことで頭をいっぱいにして、保っていました。

劣勢でもメンタルが傾かないように、様々な方法を実践。

写真：卓球レポート／バタフライ

ダブルスでは考えや意見を互いに言って分かり合う

　私は現役の間に、ダブルスでも数多くの試合に出場しました。シングルスならば相手との一対一なので全てが自分次第なのですが、二人でペアを組むとなると関係性が重要になります。いかに技術面で噛み合っていたとしても、心も噛み合わないと力を発揮できないのです。

　ダブルスではペアを組む二人ともが、トップコンディションで試合に入れることはほとんどありません。流れをつかんでお互いに調子が上向くことはありますが、最初から最後までお互いがトップコンディションでいられる試合はほぼありません。自分がダメなときがあればパートナーが本調子でないときもあるので、**その状況でサポートし合えることが大切です。話し合うことはもちろん、背中を軽くポンとしてあげたりだとか、メンタル的な結びつきを強固にしてコンビネーションを高めていきます。**卓球はがっちりとペアを組むというより即席で組むようなペアが多いので、特にコミュニケーションが重要だといえるでしょう。

　ペアの相性とは面白いもので、私はある選手とダブルス組んでワールドツアーを優勝することができました。しかしその選手と私は、学生時代は口も利かないほどに仲が悪かったのです。ナショナルチームでダブルスを組むとなったときは戸惑いましたが、「嫌い同士でも勝利をつかみたいという思いは同じなのだから」という気持ちで腹を割って話し合いました。お互いに学生時代の印象や自分の考えを包み隠さず言い合ったことで、深く理解し合えてコンビネーションが生まれたのです。マイナスのスタートだったからこそ、強いペアになれたのだと思います。

　振り返ってみても、うまくいくペアはしっかり話し合って悪い部分も相互に指摘して、しっかりとコミュニケーションをとれていました。何を考えているかわからない、心をつかめないパートナーとはやはりうまくいきませんでしたね。**ダブルスを組む際には、遠慮せず自分の意見をしっかり相手に伝えることを意識するべきだと思います。お互いに納得した上で試合に入ってこそ、良いパフォーマンスを発揮できるのです。**

外国人選手と日本人選手のメンタルの違い

　卓球ではヨーロッパとアジアの外国人選手との試合が多くあります。戦いを重ねるなかで、日本人とのメンタリティの違いを感じる部分がありました。

　中国・韓国の選手からは、母国への強い思いを感じましたね。人生を賭けて戦

写真:卓球レポート/バタフライ

っているような印象があって、勝利への貪欲さには目を見張るものがありました。特に中国は世界ナンバーワンの国ですから、競技人口も多くて、そのなかでナショナルチームに入るなんて全体のほんの一粒の、そのまた一粒というくらい。その分プレッシャーもすごくあるとは思いますが、重圧をかき消すくらいの気持ちを持っていると思います。中国人選手との対戦では、分厚い壁と向かい合っているような威圧感がありましたね。

　対してヨーロッパの選手は、楽しみながら卓球をしている印象があります。観客も楽しそうに見ていますし、相手選手であっても良いプレーをすれば賞賛するような雰囲気がありましたね。良い意味でいつまでも遊び感覚というか、ヨーロッパの選手はメンタルをポジティブにコントロールするのがすごく上手だと思います。

　日本はどうかというと、周りのサポートがすごくしっかりしていますね。国民性としてプレッシャーに弱いところがあるかもしれませんが、その弱さをチームで動くことで補っています。私に岡澤先生がいてくれたように、一緒に歩んでくれる人がいるのは心強いものです。ちょっとした言葉がけひとつでもメンタルはガラッと変わりますし、自分のなかに溜め込まずに吐き出すこともできます。その意味では自分の力になってくれる人を、引き込んでいくことがポイントになるかもしれません。**しかしメンタルは人によってそれぞれ違いますから、自分がどのようにするのがベストなのかをいち早く理解できることがまず重要になるでしょう。**悩みを抱え込んでしまう人がいる一方で、なんでも一人で解決できてしまう人もいますから、そのなかで自分はどうなのかを知る必要があるのです。

気持ちのオン・オフを切り替えてメンタルコントロール

　私は験を担ぐタイプで、日本での大会期間中はいつも同じ食べ物、飲み物を摂ったりだとか決まりごとを作って頑なに守っていました。しかしキャリアの終盤では、徐々に和らいでいきました。というのも、決まりごとを事情があって守れなかった場合、担いだ験がマイナスに働くのではないか？と感じるようになったからです。験を担ぐことが悪いとは思いませんが、守れなかったとしても「まぁいいか」と思えるのが一番強いのかなと思います。私の場合はキャリアを積むにつれて段々と削ぎ落とされていったというか、自然体でやっていられるようになっていきました。

　また、オンとオフの切り替えの重要さにも気づきました。**熱い気持ちを持っていることは良いことですが、ずっとそれでは周りが見えなくなってしまう危険があるので、ときには冷めることも必要になります。** ラリー中に熱くなった気持ちを、タイムアウトなどインターバルで何も考えずに過ごして冷ませると、メンタルの波を安定させることができるのです。しかしながら試合中にオンオフを切り替えるのは難しいので、まずは普段の生活から実践しました。それまでは対戦相手のことや試合への準備、験を担ぐ決まりごとなど、卓球のことばかり考えて生活していたのですが、オフの時間を作るようにしました。ちょっとカフェでゆっくり過ごしたり、日誌を書いたりして一人で自分を見つめ直す時間を設けることで、緊張しっぱなしだったメンタルをうまく緩めるのです。その結果、最後の1～2年は全ての試合でファイトできましたね。不安だからといって無闇やたらと練習ばかりするのではなく、うまく自分をコントロールできるようになると、どんな状況でもどっしり構えていられるメンタルが身につくと思います。

写真：卓球レポート／バタフライ

PART 2

メンタルが乱れる要因と対処法

写真：卓球レポート／バタフライ

PART 2 MENTAL 03

卓球の特徴
攻め続けなければ勝てないスポーツ

卓球では積極性と忍耐力が要求される。

卓球とほかのスポーツとの競技性の違い

　卓球で勝つメンタルを身につけるためには、まず「卓球」というスポーツの特性を考えなければならない。野球の場合、攻撃と守備に分かれてゲームを行うスポーツだ。そのため攻守の場面では、守備側の選手と攻撃側の選手が明確に対峙し、それぞれのスペシャリストがプレーに関わるため、チームとしてやらなければならないことがわかりやすい。

　攻守の切り替えのはやいスポーツであるサッカーの場合は、守りを固めてからのカウンター攻撃で得点を狙うなど、一見、消極的ともとれるような戦い方もチーム戦術として成り立つ。**しかし卓球の場合は、コンマ何秒というスピーディーな展開のなかで、チャンスボールを確実に決める、守勢にあっても相手がミスするまで耐えなければポイントにならないのだ。**

POINT 1　攻撃を続けることでゲームを支配する

卓球ではチャンスボールをしっかり打たないと、逆に相手が攻めに転じてくる。瞬時に攻守が入れ替わるのが卓球の特徴だ。攻撃的にゲームを支配することが勝利の近道ではあるが、ちょっとした隙を相手に見せれば、いつでも形成は逆転し相手に主導権が渡る。

POINT 2　最後の1ポイントまで気を抜かない

卓球の場合、引き分けや延長戦、PK戦のようなものはない。つまり最後の1ポイントが決まるまで「勝者」「敗者」がわからないスポーツだ。仮に大きくリードしていても試合が終わるまで油断できない、常に緊張感を持ってプレーすることが大切なスポーツだ。

POINT 3　常に攻め続ける気持ちを持つことは難しい

大きくリードしていても、勝ちを意識した途端に弱気になってしまうことがある。そのような場面でしっかり攻めないでいればラリーはもちろん、ゲームの主導権が相手に渡っていく。だが常に攻め続ける気持ちを持ち続けることはトップアスリートでも難しい。

+1 プラスワンアドバイス

絶対リードも「安心」ではない卓球のメンタルへの影響

卓球は最後の1ポイントが決まるまで試合は終わらないため、リードしていても安心はできない。例えば「9-7」あと2点で勝利が決まる場面で、相手にポイントが入り「9-8」になってしまうとリードしている意識はなくなり、リードを守り切ろうという守備的なメンタルに陥りやすい。

PART 2 MENTAL 04

卓球とメンタルの関わり
勝ちを意識すると心が動く

試合中の安心感が落とし穴となって、逆転されることもある。

勝ちを意識した途端に守りに入ってしまう

　卓球では9対6、または7から逆転が起こるという現象がある。そのようなケースで勝利目前から逆転を許した選手に聞くと、「勝てた」「ゲームを取れた」と思ってしまった、という話がよくある。自分がリードしようとゲームをコントロールしようと、攻め続けている、打てる球をきっちり打てているときはおおむね問題はない。しかし、勝ちを意識して守りに入った段階でどうしてもショットを「入れにいく」傾向があるのだ。

　入れにいって相手のミスを待つことは、逆に相手につけ入るスキを与える。**「ミスをしないように」という過剰な意識は、プレーを縮こまらせてミスを誘発することにつながる**。このような展開でスコアが9対7から9対8になれば、気持ちの面ではイーブン以下といってもいいだろう。勝利を決めるのは、勝者のメンタリティーがあるか、どうかとも言えるのだ。

逆転を許してしまうメンタルの動き

❶ 勝ちを意識する

リードしている状況だと、「勝ち」を意識することがある。これは、ポイントで追いついた場面も同様。追いついた瞬間にホッとして、心が動くのだ。心のどこかで安心してしまうと、積極性を失う危険がある。

❷ 守りに入る

勝ちを意識すると、そのまま試合を終わらせたいという考えが働き、失敗しないようにプレーが守りに入る。このようなメンタルでは、「攻めない」ことにつながりやすく、「ネットするのではないか」「オーバーするのではないか」「サーブをミスするのではないか」という失敗をイメージしやすくなる。

❸ プレーが縮こまりミスする

守りに入って失敗をイメージしてしまうと、さらにプレーが縮こまってミスをしやすくなる傾向がある。これは相手が格上でも格下でも関係なく起こり得る。卓球はラリーが速いので、ちょっとした心の動きが手足の動きに反映され、ミスにつながる。心がゲーム与える影響は計り知れないのだ。

Q 逆転されないためには？
A 常に積極的に攻め続ける

主導権を握ってゲームをコントロールするためには、常に積極的に攻めなければならない。攻撃の手を緩めることなく、攻めの姿勢で試合を進めることが大切だ。相手のミスを待っていると、逆に相手にスキをつかれる危険があるので、いかにポイントで勝っていたとしても最後まで油断せずに、自分の卓球を続ける意識を持とう。

PART 2 05

メンタルに影響する外的な要因
対戦相手、審判、観客が影響する

自分よりランクが下の選手との対戦では、メンタルが守りに入りやすく危険。

メンタルに及ぼす外的な要因を知る

　卓球の場合、まず対戦相手がいる。**相手に対して自分の実力や技術を推し量ったときに心の動きがあることは確かだ。**例えば試合でシード選手と当たってしまい、試合前から「ダメだ」と諦めてしまうことがある。そのようなメンタリティーでは勝てるはずがない。とはいえ持っている技術に圧倒的な差がある場合は、番狂わせは少なくメンタルの影響が少ないところで勝負は決着することも確かだ。仮に強い相手と対しても、やれることをやらなければ選手としての成長はなく、敗戦から課題をみつけ、練習を重ねてくことが大切だ。

　それよりも難しいのが、ランク下の選手との対戦だ。自分よりランク下の選手には負けられない、という気持ちが必要以上に選手を委縮させる。

　ランク上位の選手がメンタル的に守りに入っていれば、ランク下の選手であっても十分にチャンスがある。

メンタルは外部からの影響を受ける

対戦相手

対戦相手と自分の実力を比較したとき、相手がランク上位者であれば、プレーに無駄な力が入ってしまいミスを重ねてしまうパターンも。逆に下位の選手との対戦は「負けられない」という思いが強くなり、守りに入ってしまいがちだ。

観客の声援

女子プロテニスの伊達選手がポイント後の観客のリアクションに対して、ポジィティブな反応をして欲しいと訴えたことがあった。観客のため息や歓声は、ポイント後のことではあるが次のプレーに向かう選手にとっては、プラスにもマイナスにもなる要因となる。

ダブルスのペア

卓球の試合にはダブルスがある。ペアを組んで試合にのぞむため、相手とのコンビネーションはもちろん、コミュケーション力も求められる。ペアとの相性や協力次第では1+1が3にも4にもなる可能性もあり、逆に1以下になることもある。

審判のジャッジ

審判のジャッジに不平をいってリズムを崩すことがある。確かに誤審もあるが抗議は監督やコーチの責務。審判にクレームを言っても判定は覆らない。一度、自分が不信感を持った審判の元で試合すれば、どんどん心の乱れが増幅する。選手はジャッジを冷静に受け止めたい。

+1 プラスワンアドバイス

外的要因を想定して心の乱れを押さえる

外的な要因で心が動くことは、どのようなスポーツにもあることだ。卓球の場合、そのような影響を受けた後のポイントが要注意。心が乱れていればプレーにも影響があり、ポイントを失うことで心の乱れは増幅する。ある程度、どのような外的要因があるのか心の準備をしておく。

PART 2　06　メンタルトレーニング（＝マネジメント）とは①
自ら気づき、メンタルトレーニングを行う

メンタルの気づき

↓

メンタルトレーニング・リラクゼーションの実践

↓

メンタル改善

自分の気づきの先に心理技法がある

　深呼吸をすれば興奮の数値が落ちることがデータで証明されている。そのため深呼吸すること自体がメンタルトレーニングの基本と勘違いしている人が多いようだ。しかし緊張していないなら、リラクゼーションする必要はなく、落ち着いているところに、さらに気持ちを落とすことは逆効果にもなりかねない。

　まず自分のメンタルがどのような状態なのかに気づくことが大切だ。自分で意識してメンタルをどうコントロールしたいのか」「どう調整したいのか」あるいは、「私は今、何が問題なのか」という部分に気づいていなければ、どんなに深呼吸をしても改善することは難しい。

　自分がどういう状況で「自分が何を必要としているのか」「なぜいつもの実力を発揮できないのか」「努力できないのか」という気づきがあってこそメンタルトレーニング（＝心理技法）がある、ということを理解しよう。

POINT 1 メンタルトレーニングを身につけて緊張時に備える

メンタルトレーニングの基本を身につけておくことは大切だ。今は緊張しなくても大きな大会で、緊張してしまったときに、基本の対処法を知っておくことで安心が生まれる。何も理解せず、ただ単に「緊張しないように」という理由で深呼吸を取り入れても全く効果はない。

POINT 2 気づきがなければメンタルトレーニングは意味がない

自分の心理状態に気づくことが大前提。その状態を見極めて、気持ちをコントロールしていくのがメンタルトレーニング(＝心理技法)だ。チーム全員に同じメンタルトレーニングを行うことは無意味。それぞれのメンタルにあったトレーニングのタイミングや方法を探る必要がある。

POINT 3 緊張時も自らの気づきでリラックスへ導く

実際に選手が緊張してしまい、動けなくなった場合も自らの気づきがカギを握る。問題の発生に対して「リラックスしなければならない」ではなく、「リラックスすると体がどうなる?」「緊張していないときは、どんなことを考えている?」という自らの気づきによって対処していく。

+1 プラスワンアドバイス

指導者のアドバイスで選手が緊張してしまうことも

指導者が行うアドバイスでも選手の緊張度が変わる。例えば「お前は緊張しやすいから気をつけろ」とか、ただ「リラックスしろよ」では、具体的な対応策にはならず、余計に緊張が増してしまう。監督が持っている不安を口にしただけで選手へのアドバイスにはなっていない。

PART 2 MENTAL 07

メンタルトレーニング(＝マネジメント)とは②

内からのエネルギーで卓球に取り組む

内発的動機づけ

「卓球が好きだ！」
「上手くなりたい」など
自ら進んで行動するエネルギー

外発的動機づけ

「試合に勝てばスポーツ推薦」
「試合に勝ったら練習は免除だ」など
誰かにやらされて行動するエネルギー

内発的動機づけが理想の選手育成

　何かの行動を起こすためのエネルギーを高める方法には「内発的動機づけ」と「外発的動機づけ」の二つの方法がある。卓球でいえば、**内発的動機づけは「卓球が楽しいから」「強くなりたい、上手になりたい」という自ら進んで行動するというエネルギーのこと**。反対に外発的動機づけは「スポーツ推薦で進学するため」などの、誰かにやらされて行動するエネルギーのことをいう。

　卓球だけでなく、一流の選手はやらされるのではなく、自ら進んでトレーニングする「内発的動機づけ」で行動している。

　内発的動機づけを高めるためには、「自分は卓球が上手い」「練習すれば上手になれる」「卓球部の一員として受け入れられている」という三つの自信が必要だといわれている。

POINT ❶ 自分で考えどんな練習が必要か理解する

強くなるためには自分で考え、練習しなければならない。自分で上手くなりたいと思うこと＝内発的動機づけが上達の条件ともいえる。逆に外からのエネルギーで無理やりやらせても、身につくことは少ない。

POINT ❷ 外からのエネルギーでは理想の選手育成にならない

指導者は内発的動機づけからの成功体験を知っているにも関わらず、つい「強くなったら大学も行ける」「社会人で活躍できる」という外的動機づけで選手を動かそうとしてしまう。一緒に考え、選手を導き、選手が自ら行動することが理想の指導方法だ。

POINT ❸ 最終的に自己決定できる選手をつくる

指導者は頭からやり方を押し付けるのではなく、「どんな選手になりたい？」→「〇〇のような選手になりたい」→「ではどんな努力をすればいい？」という流れで一緒に考え、最終的に自己決定できる選手を育てることがポイント。これが内発的動機づけにつながる。

+1 プラスワンアドバイス

本当に強い選手は内発的動機づけに支えられている

「試合に勝ったときの嬉しさ」「負けたときの悔し涙」。そのような体験から内発的動機づけに向かっていくことがある。大会で優勝は、あくまで結果としてついてくるものであり、本当に強い選手は「卓球を強くなりたい」「うまくなりたい」という内発的動機づけに支えられてプレーしている。

PART 2　08　メンタルトレーニング(=マネジメント)とは③
プラス思考で試合にのぞむ

ポジティブ・シンキングキープのサイクル

練習
目標に向かって足りない部分を補ったり、強い部分を伸ばす練習に取り組む。

ポジティブ・シンキング
自主的な取り組みによって、思考が前向き（ポジティブ・シンキング）になる。

自信の獲得
技術の習得、卓球の上達によって、自分に対する揺るぎない自信が身につく。

プラス思考の継続が試合で活躍できるコツ

強い選手には揺るぎない「自信」がある。その裏付けとなるのが日々の練習であり、卓球の技術だ。**日頃から自分がどのような選手になりたいのかしっかり考え、その目標に向かって足りない部分を補ったり、強い部分を伸ばす練習に取り組むことが大切。**前向きに卓球に取り組む姿勢である、ポジティブ・シンキング（プラス思考）を維持することがポイントになる。

いやいや取り組むような練習は、ネガティブ思考に陥りやすく身につく要素も少ない。例えばスタミナアップのための長距離走を指導者からの押し付けととらえれば、見ていないところで手を抜いてしまうだろう。逆にプラス思考で取り組み、内容の濃い走り込みができていればフルセットの試合にもつれ込んでも、ベストな状態で戦える心と体が備わってくる。

POINT 1 プラス思考で取り組めば練習の充実度もアップする

プラス思考を常に持ち続けることが大切だ。これは試合に限ったことでなく、練習に取り組む姿勢やチームメイトとの関わりなども含まれている。「自分はこうやって強くなる」「チーム一丸となって優勝する」というプラス思考で取り組むことで練習の充実度もあがる。

POINT 2 メンタルトレーニングを取り入れてプラス思考を維持する

試合でプラス思考を維持することは難しい。スコアの優劣や相手との駆け引き、審判や観客などネガティブに陥りやすい罠が待ち受けている。どんな状況でも気持ちの切り替えや調整となるメンタルトレーニング(心理技法)をうまく取り入れてプラス思考に変えよう。

POINT 3 結果だけで判断せず内容を振り返る

試合で実力を発揮するためには、まず何をしたいのかハッキリする。やれるか、やれないかはあくまで結果論でしかない。トライしようとしたならば、メンタル的には合格であり、できなかった結果は技術練習で補うしかない。結果だけで判断せず、試合内容を振り返ろう。

+1 プラスワンアドバイス

自分だけの考えで突き進まない

卓球をプレーするのは自分のためであり、上達するためにはすべて自分の頭で考え、解決しなければならないと考えがちだ。しかしこれはネガティブ思考に陥って、間違った方向に走りやすい。思い悩んだときは指導者やチームメイトにも相談しよう。

Column

会場のため息が
選手のメンタルを押しつぶす

　国内での世界大会ともなると、会場は日本選手を応援する観客で埋め尽くされる。神戸で行われた大会では、自国開催のプレッシャーからか代表選手たちの成績が奮わなかった。しかしその原因は意外なところにあったのだ。

　試合ではラリー続くと観客は息を止めて観ている。日本選手がミスをして失点すると、観客は一斉に息を吐きながら「はぁ〜」というため息つく。このため息が、会場全体からコートに降りてくる。選手にとってこれは受け止めがたいネガティブな状況であり、ポイント間の切り替えもなかなかうまくいかないのだ。過去に日本で行われる国際大会は、おしなべて結果が悪いというデータもあった。

　この悪い流れを断つべく、「ため息止めるプロジェクト」が企画された。同プロジェクトでは「ため息ダメよ！」というプラカードを客席で提示したり、観客が一体となって応援できるように工夫し、徹底してため息を回避する手段をとった。このおかけでプロジェクトは成功。ため息を止めることができ、代表チームも好成績をあげることができた。観客にとっては、自分たちと選手たちが一緒になって戦っている意識で観戦でき、いつも以上に選手を身近に感じられる機会となった。

PART 3

日常から行うメンタルトレーニング

写真：卓球レポート／バタフライ

PART 3 MENTAL 09

メンタルマネジメント①脈拍測定
脈拍を計ってメンタルを把握する

自分の身体状態からメンタルの
コンディションをはかることができる。

脈拍を計ってメンタルの状況を把握する

　試合が近づいてくれば、自然と選手のメンタルには変化が出てくる。自分のメンタルコンディションを把握するためにも、生体反応をチェックしておくことが大事。脈拍や体温、脳波などはメンタルの影響を強く反映しているからだ。手軽にチェックするなら脈拍を計ることが良いだろう。**朝起きてすぐに脈拍1分で測った数値をつけていくことで（30秒×2で行う場合もある）、試合日に近づくにつれて変化があれば「緊張状態」に入ってきことが把握できる。**

　人によって数値は違うが、5拍ぐらいの上昇があるというデータもある。リラックス状態の脈拍数を知っておけば、試合に向けてのコンディショニングにも役立つ。日頃の数値を目安にして、脈拍が早ければ緊張気味、遅ければリラックス状態と判断できるのだ。脈拍自体は、メンタルの状況だけでなく運動量や体調、気温などによっても変わってくるので、同じ条件下で計ることでコンディションを把握する際の精度に関わる。

+1 プラスワンアドバイス

あらゆる状況で脈拍を計る

脈拍は大会一か月前から計っておく。試合が近づくにつれて脈拍に変化が起き、メンタルの緊張状態が把握できる。可能ならば朝起きてすぐやトレーニング、練習直後の脈拍、または就寝前の脈拍などあらゆる状況のデータを集めておくとメンタルの状況を判断できる材料が増える。

脈拍チェックシート〜各時間の脈拍をはかってみよう

年　　　月　　　日（　　曜日）

日付	時間	脈拍数
起床後	AM　： PM　：	回
練習前	AM　： PM　：	回
練習中	AM　： PM　：	回
練習後	AM　： PM　：	回
就寝前	AM　： PM　：	回

※上記のシートをコピーして記録しよう

脈拍のはかり方
簡易的に脈拍を計る方法は、手首の動脈に指先を添えて脈拍の回数を数える。

脈拍の目安
健康な10代から成人の安静時の脈拍数は、個人差はあるが、1分間に60〜100回。
楽な運動では約135回、きつい運動では約170回近く数値があがる。

PART 3 MENTAL 10

メンタルマネジメント②深呼吸法
深呼吸を効果的に取り入れる

腹式呼吸の繰り返しでリラックスする。

腹式呼吸を取り入れて自分のリラックス状態を把握する

　緊張しているメンタルをやわらげる方法のひとつとして、深呼吸があげられる。これは最も基本的なリラクセーションの技法であり、マスターしておけば「少し緊張してきたかな…」という場面でもメンタルをコントロールすることができる。

　お腹を膨らませるように腹式呼吸で行うことがポイント。**「1、2、3」で鼻から吸って2秒止めて「4、5、6、7、8」で口から吐く。これを何度か繰り返していくと気持ちが落ち着きリラックスできる**。深呼吸にはトレーニングや難しいスキルは必要ないので、誰でも気軽に試みることができる。

　日頃の生活の合間にも腹式呼吸を取り入れて、リラックスしている自分の状態を把握することが大切。いざ緊張しそうなときは、下腹に意識を集中させて、ゆっくり深呼吸しよう。

POINT ① 息を鼻から吸って口からゆっくり吐く

吸う　吐く

「1、2、3」の長さで鼻から息を吸う。
2秒止めて「4、5、6、7、8」で口からゆっくり息を吐く。

POINT ② 緊張を感じたら深呼吸する

　試合だからといって、試合前やポイントごとに深呼吸をするのでは意味がない。まず自分のメンタルが、どのような状態なのかを把握することが大切だ。緊張していると感じたなら、そこで深呼吸を取り入れてメンタルをコントロールすることを心がけよう。

POINT ③ プレッシャーのかかる場面で深呼吸を取り入れる

　サービスやレシーブに向かう前に、軽くジャンプしたあとで、深呼吸してプレーに入るとリラックスできる。試合展開のなかでは大事なポイントが必ずやってくる。「このポイントは絶対にとりたい」という、どうしても力が入ってしまう場面でも深呼吸は効果的。

PART 3 MENTAL 11

メンタルマネジメント③筋弛緩法
両手に力を入れて、フッと抜く

メンタルトレーニングを積み重ねることで、コントロールが可能になる。

筋肉に力を入れて5〜8秒間キープし、力を抜いて10秒程度脱力する

　筋弛緩法は、深呼吸と同様にメンタルの緊張をやわらげる技法だ。**まず両手こぶしにグッと力を入れて、フッと力を抜く。この力が抜けたところがリラックスした状態で、トレーニングを積み重ねていけば、試合で緊張したタイミングでもメンタルをコントロールできる。**

　最初は右手のコブシだけ、次は左手のコブシだけでスタートし、慣れてきたら両手、さらに全身の筋肉を使って筋弛緩の動きをできるようになれば、さまざまなスポーツの場面で活用できる。

　力を入れるときは全力で行わず70〜80％が目安。グッと筋肉に力を入れて5〜8秒間キープし、フッと力を抜いて10秒程度脱力する。就寝前に時間を決めてトレーニングを続け、リラックスした自分の感覚を身につけることが大事だ。

リラックスした状態で立つ。

コブシをしっかり握り、両腕を前に突き出す。
腕から肩にかけてグッと力を入れて、手首を下に曲げる。

握ったコブシをゆっくりのばし、手のひらを開いて力をフッと抜く。

+1 プラスワンアドバイス

顔の筋肉も弛緩させる

筋弛緩法を行う際は、顔の筋肉も連動させることが大切。力を入れるときは額に力を入れて、唇をすぼめて前に突き出す。抜くときは、顔全体の力を抜き筋肉が緩むことを意識する。力を入れるときは、眉を寄せてしかめっ面から瞼に力を入れ、奥歯を噛んで唇を固く結ぶ方法も効果的。

PART 3
12 MENTAL

メンタルマネジメント④ルーティン

いつもと同じ動作で実力を発揮する

ルーティンワークを行うことで、試合でも普段と同じメンタルでプレーできるようになる。

お決まりの動作が平常心のプレーを可能にする

　イチロー選手は、ネクスターズバッターサイクルからバッターボックスに入り、静止して構えるまでにいくつものパフォーマンスルーティンを行う。ルーティンとはまず、行うことで「普段通りのプレーができる」と思えるものでなければならない。**試合前に決まった同じ行動をとることによって、試合に入ったときは、いつも同じような心理状況でプレーできるのがルーティンワークだ。**

　長野オリンピックでのボブスレーチームのルーティンは特徴的だ。ソリを操縦する選手以外のスタートで押す選手は、最初の10秒でいかにスタートにあわせて最大限の力を発揮できるかがポイント。スタートから逆算して、集合時間を決め、選手全員がヘルメットを叩く。何回叩けば心地良いか事前に確認した回数を叩き、「行くぞ」と声をかけ合ってスタートに入る。これがルーティンワークであった。

POINT 1 ルーティン動作で気持ちを落ち着ける

卓球の試合においてルーティンを取り入れている選手は多い。例えば水谷選手は、サービスやレシーブ前にラバー面に息を吹きかけ、手でラバー面をぬぐう動作を入れることもある。ポイント間に必ず行う動作ではないが、気持ちの切り替えが必要な場面で行うルーティンといえる。

POINT 2 大事なポイントでも平常心でプレーする

ボールを手のひらのなかに包み、そのなかに息を吹きかける。息を吐くことは深呼吸の役割もある。大事な場面では、この動作からサービスに入ることもある。また、このインターバルにどこにどのようなサービスを出すか思案するタイミングとなる。

POINT 3 ルーティンを取り入れていつもと同じメンタルでプレーする

ルーティンは、レシーブに入る場面でも取り入れることができる。ルーティンをすることによって、いつでもどこでも同じような気持ちでスタートできることがポイント。大会の大小を問わず、不安な気持ちを除外し、いつもと同じ気持ちでプレーできるきっかけがルーティンワークだ。

PART 3 MENTAL 13

メンタルマネジメント⑤サイキングアップ

気持ちをあげてプレーにのぞむ

気持ちをあげるためにサイキングアップを行う

「日常の練習でどうしても気持ちが入らない」「試合する相手に対して、圧倒的な実力差があるためメンタルがあがってこない」——。このような場合は、サイキングアップを取り入れて気持ちをあげることが有効だ。通常の試合では、緊張や興奮からメンタルがあがり過ぎる傾向の選手が多いが、シチュエーションによっては必要な技法となる。

ウェイトリフティングやアメリカンフットボール、ラグビーなど瞬間的に大きな力を出すスポーツにサイキングアップは有効だ。**卓球はどちらかといえば、興奮や緊張を抑えることが求められるスポーツだが、試合やメンタルの状況によってはサイキングアップが必要になる。**

自分が燃えないなと思ったときには、ウォーミングアップのやり方がカギを握る。準備運動は体を動かすことがメインと考えがちだが、アップすることによってメンタルも興奮していく。試合にのぞむにあたり、心と体の準備をするのがサイキングアップとなる。

POINT ①	メンタルの状況に あわせて技法を変える

マイナス思考だと緊張が高まり、体が思うように動かない状況になることがある。この場合は、深呼吸や筋弛緩法によってリラックスすることが有効だ。反対にプラス思考で「やる気」が高まっている状況では問題ないだろう。サイキングアップが必要なのは、プラス思考で考えられているものの興奮水準が低すぎるときだ。

POINT ②	ベストのメンタルでどんな プレーをしたいかイメージする

卓球の場合、深呼吸することである程度の不安要素は少なくなる。深呼吸には必要以上の興奮状態を抑え、不安を低減する効果がある。しかし不安が減ったとしても、どんなプレーがしたいのか理解することが大事。ただ深呼吸すれば良いプレーができるとは限らない。

PART 3 MENTAL 14

メンタルマネジメント⑥セルフトーク

ポイント間でセルフトークを入れる

言葉を発してメンタルを
ポジティブに導く。

集中！

試合展開に合わせたフレーズで奮い立たせる

　トップ選手たちは常にプラス思考でプレーすることを考えている。とはいえ中国の強豪選手と当たった場合、ネガティブな思考になってしまうこともある。そこで簡単にあきらめるのではなく、「チャレンジャーで戦う」「チャレンジャーは守らない」などと言って自分を奮い立たせるのがセルフトークだ。**その言葉を発した途端に気持ちは切り替わり、ポジィティブ思考に自分を導くことができる**。

　試合を通じても、自分の気持ちを切り替えるキーワードをつくっておくことが大事。理想は状況に合わせて、プラス思考になるフレーズを用意しておく。勝っていて勝利を意識した場合、相手に攻められて追い込まれた場合など、試合展開に応じた自分を奮い立たせるフレーズを使い分けられると良いだろう。

POINT ① ポイント間にセルフトークを入れて気持ちを変える

相手にポイントを決められた場合、ボールをコート後方に取りに行くことがある。ポイントを失った事実をそのまま引きずるのではなく、セルフトークでメンタルを切り替えることで次のポイントに対して、新たな気持ちでチャレンジできる。

POINT ② 守りに入ってしまいそうになったらセルフトークで攻める意識を保つ

試合終盤で勝利が見えてくると、つい守りに入ったプレーになってしまう。こんなときも「強気!」「攻めるぞ!」など、攻める意識をうながすセルフトークを発することでプラス思考に変化する。積極的にセルフトークを取り入れよう。

POINT ③ 状況に応じてセルフトークを使い分ける

状況	セルフトークの例
初戦でのゲームにいどむとき	「大丈夫、ベストを尽くそう　結果はついてくる」
空調や照明など環境面が気になるとき	「相手も同じ条件、不利と思った方が負け　与えられた環境を味方にしよう」
相手のペースでゲームが展開しているとき	「焦らず1ポイントずつとろう　粘り強くプレーしよう」
ミスが続いたとき	「最後のポイントでミスしなければ大丈夫　リラックスしてボールを良く見よう」
一方的にリードされてしまったとき	「必ずチャンスはくるから大丈夫　挽回できるまでくらいついていこう」
不利なジャッジがくだされたとき	「済んだことは受け入れて進もう　これから良いプレーをすれば勝てる」

PART 3 MENTAL 15

ストレッチとは
筋肉を伸ばして疲労除去・ケガ予防する

ストレッチには、メンタルを安定させる効果もある。

柔軟性を高めてコンディショニングする

ハイスピードでボールを打ちあう卓球は、ラリーの応酬のなかで全身を激しく動かさなければならず、筋肉への負担が大きいスポーツだ。常にコンディションを良い状態でキープするためには、体のケアが重要になる。その効果的な方法としてストレッチがある。筋肉を伸ばすことで体を温め、ケガの原因となる疲労物質の除去を早めることができる。

体の柔軟性をアップすることによって可動域を広げ、動作のクオリティを高める効果もある。またストレッチ動作に合わせて行う呼吸によって、自律神経が刺激されてメンタルが安定する効果もある。

ポイントは、プレーの前後にストレッチをすること。**ラケットを握る前の準備運動としてはもちろん、最後の整理運動としても筋肉を伸ばすと、翌日への有効なコンディショニングとなる。**

POINT ① 柔軟性がアップしプレーのクオリティ向上

ストレッチによって体がほぐされると、体の柔軟性がアップする。これによって関節の可動域が拡大しプレーの幅が広がり、イメージ通りに動作できるようになる。また、利き腕を主に使うために乱れがちな左右のバランスを、是正することもできる。

POINT ② 伸ばした状態で10〜20秒カウントする

ストレッチは1つの動作につき、10〜20秒程度伸ばす。呼吸しながら、伸びていると感じるところまでゆっくりと動作し、そのままの姿勢をキープする。声に出してカウントすることがオススメだが、その際は数える速度が速くならないように注意。

POINT ③ 疲労の蓄積を抑えケガを予防する

ケガは疲労物質が蓄積することによって、そのリスクが高まる。ストレッチに取り組むと、体を温めることで血行が促進され、体内の疲労物質を除去するスピードを早められる。ストレッチを習慣づけて体をケアし、コンディションをキープしよう。

+1 プラスワンアドバイス

プレーの前後に体をほぐすクールダウンも入念に

ストレッチを行うタイミングは、ウォームアップとクールダウンだ。プレーの前に筋肉を伸ばすことで柔軟性を高めてケガをしづらい体にし、プレー後にも伸ばすことで疲労を除去しケガを予防する。入念なケアでケガを負うリスクを最大限抑えよう。

POINT ❶ 頭の後ろで両手を組み 一方のヒジを真上にあげる

体側のストレッチ

　足を肩幅程度に開いて直立し、両手を頭の後ろで組む。ヒジをそれぞれ真横に向け、その姿勢から左ヒジが肩の真上にくるようにあげる。このとき、右ヒジをさげることで左ヒジをあげるようなイメージで動作する。これにより、右に重心が傾いて主に左の体側を伸びる。逆側も同様に行う。

POINT ❷ ヒジをつかんで腕を 頭の後ろ側に引く

二の腕裏のストレッチ

　直立の姿勢をとり、左腕を真上にあげてヒジを手が背中側にくるように曲げる。右手でそのヒジを上からつかみ、左ヒジが頭の真後ろにくるように力を入れて引く。この動作を行うことによって、主に二の腕の裏側にある筋肉をストレッチすることができる。逆側の腕も、同じように伸ばす。

POINT 3 一方の腕を逆側の腕で抱えて体に引きつける

肩のストレッチ

　直立の姿勢から、右腕をヒジを伸ばした状態でまっすぐ正面に伸ばす。その二の腕あたりに左腕の前腕をつけ、ヒジを曲げて抱え込み、右腕を体につける。右腕が真横に伸びる形をつくることがポイント。このストレッチによって、主に右肩の筋肉を伸ばすことができる。逆側も同様に行う。

POINT 4 左右の足をそれぞれ開き限界まで足幅を広げる

内モモのストレッチ

　背すじを伸ばした直立の姿勢から、両足をそれぞれ外側に開いていく。このとき、いきなり大きく開かずゆっくりと動作して、バランスをキープしながら行うことがポイント。限界まで開いたら、その姿勢をキープしてストレッチする。この動作によって、主に内モモの筋肉を伸ばせる。

POINT 5 両足を伸ばして座り上半身を正面に倒す

脚部裏側のストレッチ

床に座り、両足を揃える。ヒザを伸ばして、まっすぐ前に出す。その姿勢から上半身を前に倒す。ヒザが曲がらないように動作することがポイントで、両手でそれぞれの側のツマ先をつかめると良い。限界まで上半身を倒したところでキープする。これにより、脚部の裏側を全体的に伸ばせる。

POINT 6 大きく開脚して座り一方の側に上半身を倒す

一方の脚部裏側のストレッチ

床に座り、両足を限界まで開く。ヒザを曲げずに180度の角度を目指す。限界まで足を開いたところで、上半身を右足の方向に倒してキープ。両手で右足のツマ先にタッチできると、高いストレッチ効果を得られる。この動作で一方の脚の裏側を重点的に伸ばせる。逆側も同様にストレッチ。

POINT 7 両足を左右に開いて上半身を正面に倒す

股関節のストレッチ

床に座って両足を左右に大きく開く。限界まで開いたところで、上半身を正面に倒す。足はツマ先を上向きにヒザを曲げない。充分伸ばしたら、両足の足裏を合わせ、カカトを体に引き寄せる。ヒザを低い位置でキープできると良い。この2つのストレッチは、股関節周りに効果がある。

POINT 8 横になって腰をひねり一方の足を逆側に伸ばす

腰のストレッチ

仰向けになってリラックスし、両腕はそれぞれ自然な形で左右に伸ばす。その姿勢から右脚を、上半身と直角にするイメージで左側に伸ばす。腰をひねることがポイントで、両肩はなるべく床につけたまま。この動作によって、主に腰をストレッチできる。充分伸ばしたら、逆脚も同様に行う。

POINT 9 肩と後頭部だけ床につけ腰から下を支える

背中のストレッチ

　仰向けに寝て、両足を揃えまっすぐ伸ばす。その姿勢から腰から足までを浮かせて、肩と後頭部だけを床につけて体を支える。腰を床に対して直角の位置にあげ、両手で腰を持ってバランスを保つ。脚は頭の方向へ自然に倒してOKだ。そのままバランスを保つことで、主に背中が伸びる。

POINT 10 仰向けの姿勢で一方のヒザを両手で抱え込む

尻のストレッチ

　両足を揃えて伸ばした姿勢で仰向けになる。次に右ヒザを持ちあげて、両手で上からつかむ。腕に力を入れヒジを曲げ、右のモモを体に引き寄せる。逆脚は寝かせたまま動かさない。このストレッチに取り組むことで、主に臀部の筋肉を伸ばせる。充分に伸ばしたら、逆側も同様に行う。

POINT 11 仰向けで一方のヒザを折り曲げ足裏を尻につける

モモ裏のストレッチ

　体をまっすぐ伸ばした状態で仰向けの姿勢をとり、右脚を折りたたむようにヒザを曲げる。モモとふくらはぎを重ねるようなイメージで、足裏を尻につける。肩を浮かせないことがポイントとなる。この動作によって主にモモの表側の筋肉をストレッチすることができる。逆側も同様に行う。

POINT 12 両足を前後に開いた姿勢で前の足に重心をかける

アキレス腱のストレッチ

　直立し、右足を前に大きく踏み込んで足を前後に開く。後ろの足のカカトが浮かないように注意し、上半身をやや前に倒して前の足に重心をかける。前の足のヒザをやや曲げると効果的で、卓球台などに手を置いて支えにするとさらに良い。これによりアキレス腱が伸びる。逆側も同様に行う。

Column

自律訓練法で
リラックスする

　試合に出ていくときに、握手すると、緊張していれば手が冷たく感じる。体温が低い状態だ。人間は体温が低いときに緊張傾向にある。逆に温まっているときは緊張していない。その特性を生かしリラックスするために、まず「右手があったかくなる」などの自己暗示をかけるのが自律訓練法だ。テープを聞いて行うなど様々な方法があるが、自律訓練法を取り入れる場合は、かなりのトレーニングが必要だ。

　基本的には深呼吸や筋弛緩法である程度、リラックスできるが適していない選手は、自律訓練法を試してみるのも良いだろう。しかし、この方法は「自分で自分に自己暗示をかける方法」であり、実践するなら専門家の相談やアドバイスが必要。間違ったやり方で行えば、逆効果になってしまうこともある。

PART 4

メンタルを強くするための準備

写真：卓球レポート／バタフライ

PART 4 MENTAL 16

目標設定

憧れの選手・理想の選手を目標にする

目標を貼り出して、常に意識する。

大きな目標を設定して着実にステップアップする

　卓球をうまくなる上では、目標の設定は非常に重要だ。レベルアップにはモチベーションが不可欠で、目標は自分が進む道筋を明確にしてくれる。ただ「金メダルをとりたい！」でなく、金メダルをとるにはどのような選手になる必要があるのか、具体的なイメージを持つことが大切。

　目標を設定することで自分が成したいことを頭で考え、すべきことの方向性を確認することができる。

　そうすることで自主的な取り組みを促すきっかけとなり、指導者に「やらされる練習」から、自らの意思で考え、目標に近づくための練習に進歩する。この二つの練習の違いで上達のスピードは全く違ってくる。

　目標を設定する際には、トップ選手など憧れの選手を見つけ、卓球を通じて自分が成長していきたい人物像をイメージするのも良いだろう。「こんな選手になりたい」と思えるような存在をつくり、研究していくことでより卓球を追究する作業となる。

PART 4 MENTAL 17

短期的な目標をつくる

目標に到達するまでのハードルを立てる

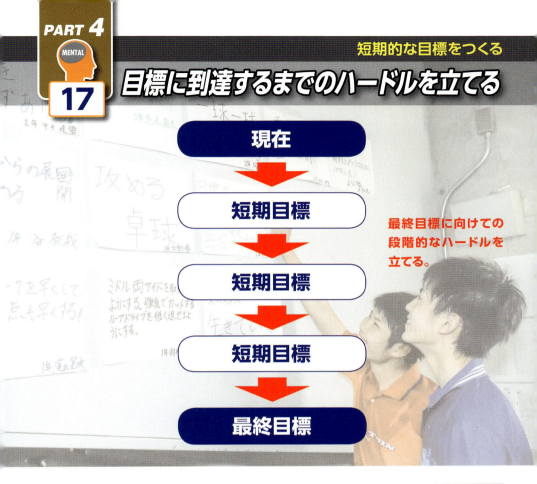

最終目標に向けての段階的なハードルを立てる。

卓球選手としてのキャリアをステップアップしていく

　卓球における最終的な目標を設定したら、次にその目標を達成するための短期目標を立てる。目標とする選手・人物像だけでは曖昧であり、具体的にどう取り組むべきかが見えてこない。達成に向けたハードルを立てるのだ。
　そのためには、まず自分の実力をしっかり把握し、目標としている選手はどんなプレーをしているのか、自分には何が足りないのか、一つひとつ見極めることが大切だ。

　短期間では実現不可能な大きな目標でも、長いスパンで考えてハードルを設け、それらをクリアしていくことで常に前向きに卓球に取り組むことができる。
　技術レベルをあげていくことで、「高校の全国大会に出場する」「大学でプレーして全日本でベスト8に入る」「実業団に入りオリンピック出場」など、段階的に卓球選手としてのキャリアもステップアップしていくことが理想だ。

PART 4 ハードルを越えるための年間スケジュール
18 1年ごとの段階的な目標を立てる

高校生選手の3年間プランニング例

1年時…
基礎体力を徹底的に高めて強い力を手に入れる。同時に、卓球の基礎技術をしっかりとマスターしてしっかりとした土台作りをする。

2年時…
技術の精度をさらに正確にして、選手としての強みを手に入れる。試合で勝つための駆け引きや、戦術面の向上にも着手する。

3年時…
試合で主導権を握るための戦術的な技術の習得し、ライバル選手の研究、メンタル面の充実を計り、最後の大会に向けて準備をする。

三年間のスケジュールを作り、目標の達成を目指す

例えば高校生の選手がインターハイ出場を目指すなら、在学する三年間をいかに効率的に過ごすかがポイントだ。

入学したばかりで技術がそれほどでない1年生が、年上の選手たちに勝ち続け、全国レベルの試合で戦うことは難しい。

それならば**心技体が最も充実する3年生時の大会で目標達成を目指す、現実的な計画を立てるのも良いだろう。3年生時に全国出場を狙うなら、2年生時は「どんなことができればいいのか」、1年生時は「どんなことをすればいいのか」、具体的な方策が見えてくる。**

三年間を逆算して考え、1年時には「基礎体力アップの徹底や卓球技術の習得」、2年時には「技術の精度アップや駆け引き」、3年時には「勝つために必要なすべての技術とメンタル」を備えた状況で最後の大会にのぞむことができる。仮に目標を達成することができなくても、三年間の努力は別の形で必ず報われる。人間的な成長につながるはずだ。

PART 4　19

1年間のコンディショニング

重要な大会にピークを合わせる

高校生選手の年間スケジュール例

4月	フィジカルトレーニング（筋トレ、走り込みなど）
5月	フィジカルトレーニング・基礎技術練習
6月	フィジカルトレーニング・基礎技術練習
7月	戦術練習・コンディショニング
8月	インターハイ
9月	戦術練習・実戦
10月	戦術練習・実戦
11月	フィジカルトレーニング
12月	戦術＆実践練習、コンディショニング
1月	全日本卓球選手権大会
2月	戦術練習・コンディショニング
3月	全日本高等学校選抜卓球大会

※大会のスケジュールは年度によって異なる場合がある

1年間の練習メニューを組み、大会で実力を発揮する

　卓球はオンシーズンとオフシーズンが他競技に比べて明確になっておらず、年間を通して多くの大会が開催される。もちろん実戦の経験は貴重なものだが、フィジカルトレーニングや技術に重点的に高める時期も必要。全ての試合に出場していては、心と体のコンディションが維持できない。年間を通じて3〜4程度の大会に焦点を合わせ、練習メニューを組むことが大切だ。

　高校生選手なら8月に開催されるインターハイは外せない。**夏に合わせて春先まではフィジカルトレーニングに費やして体をつくり、初夏に向けて実践的な技術練習をしつつ、メンタルのコンディションも徐々にあげていく。**

　大会直前には、新しい試みはせず、コンディションの維持につとめることがポイントだ。大会の開催日に技術と心のピークが持っていけるようなスケジューリングを目指そう。

PART 4 MENTAL 20

ダブルスペアの組み合わせ
相性の良い選手同士でペアを組む

戦型はもちろん、正確面もダブルスのペアリングでは重要。

相乗効果を得られるダブルスの組み合わせ

ダブルスは組み合わせによってペアの力に増減がある。単純に優れた選手同士が組んでも、相性が悪ければ持っている実力を発揮できない。逆に**相性が良ければ、技術的に劣っていても相乗効果が生まれ、持っているポテンシャル以上の力を試合で発揮できることもある。**

相性は、戦型はもちろん性格面からも考えなければならない。攻撃的な選手と守備的な選手が組むことがセオリー。そうすることで試合展開において「攻撃的に行きたい場面」「我慢してつなぎたい場面」のどちらにも対応ができる。

また、あえて攻撃を得意とする選手2人でペアを組ませるのも方法のひとつだ。常に攻撃的な展開で試合を進めることができ、上手くハマれば相手ペアにスキを与えることなく得点を積み重ねられる。さまざまなペアの組み合わせを考えてみよう。

PART 4 MENTAL 21 団体メンバー選考

チーム内のランキングで選手を選考する

チームランキング戦は
全体のモチベーションアップに
つながる。

不満を抱かせない方法で選手を選ぶ

　団体戦は一般的に、シングルス4試合ダブルス1試合で競われる。4～6人の選手で、シングルスとダブルスは掛け持ちすることができる。その選手選考は基本的に指導者が行うが、公平に行わなければチーム内に不満・不和を生む危険がある。**チーム内でランキングをつけて、基準のひとつにすると効果的だ。順位が明確であれば、納得を得られる。**

　とはいえ同じような実力なら、二人のうちメンタル面で味方を鼓舞できるなど、チームの力になる選手を選ばなければならない。その際には落とした選手をフォローし、選んだ選手にも「これからも油断せずがんばれ」と声をかけ、互いのモチベーションを維持することが大切だ。

　ダブルスは、実力はもちろん相乗効果を生むことができるペアの相性も重視すべきだ。

PART 4 MENTAL 22 指導者のアドバイスを参考にする

効果的なインターバル

試合中の選手は冷静な判断が難しいので、指導者の目線が重要になる。

指導者から具体的なアドバイスを受ける

　チェンジエンドとタイムアウトでのそれぞれ1分間のインターバルでは、選手と指導者がミーティングをして、以降の試合展開を検討する。しかしこのような場面では、選手はメンタルが高ぶっていたり、疲労の蓄積によって冷静な判断ができない可能性がある。指導者から客観的な目線でアドバイスを受けることが重要になる。

　ポイントは、内容を明確にして簡潔に伝えてもらうこと。**「こうした方が良いかもしれない」など曖昧な内容だと、かえって悩んでしまうので、「こうしよう」とある程度、断定的に伝えてもらうべきだ。**「ここを狙ってくるぞ」という憶測ではなく、その相手のプレーに対して、どう対応すれば良いか必要な情報のみを受けることが大切だ。

PART 4 MENTAL 23 — 戦術プランの準備
試合展開を想定しプランを練る

試合展開を想定しておけば、焦ることなくプレーできる。

攻撃パターンに持ち込む方法を分析する

　試合で勝利するためには、しっかりとした戦術プランを練っておくことが重要だ。事前に用意しておくことで、試合に対してプラス思考でのぞむことができる。

　相手の戦型や利き腕、長所・短所、メンタルの傾向といった情報を映像や過去の成績から収集する。実際に相手の試合を見ることも大切だ。

　それらの情報を合わせて、実際に打ち合った際にどういった展開になるのかをイメージする。このとき、より多くの展開を想定できると、試合で焦ることなく対処できるようになる。

　相手へのリアクションばかり考えていると、戦い方を変えられた場合に戦術が通用しなくなるので注意。**自分の攻撃を中心に、得意のパターンに持ち込む方法を模索しよう**。これには、強い相手に対しても点を奪うイメージをして、メンタルを前向きにする効果もある。

PART 4 MENTAL 24

試合でのアクシデントに備える
試合中のアクシデントに対処する

予備のラケットは必須。
同じ感触のものを用意する。

使い慣れた複数のラケットを用意しておく

　試合中にアクシデントが起きた際に、パニックになってメンタルを乱してしまうと、それだけで相手に流れがいってしまう。予期せぬ事態にも、冷静に対応できるよう想定しておくことが大切だ。

　特に準備しておかなくてはいけないのは、一番大切なラケットだ。試合中にラケットを破損したり、ラバーが剥がれるなどでプレーの継続が困難になった場合は、審判に申し出れば交換が許可される。必ず予備のラケットを用意しよう。

　予備のラケットを用意する上で重要なのは、メインで使っているラケットと同じ感触で打てること。ラケットを持ち替えたからといって、フィーリングの違いでプレーの質を落としていては、試合を優位に進めることができないので、普段の練習から2～3本を使い分けるように心がけると良い。

PART 4 MENTAL 25

試合会場の照明や空調をチェックする

「全員が同じ条件」と考えて切り替える

会場による感覚の違いを、考え方を切り換えて克服する。

会場設備を確認しておけば不利を被っても動揺しない

　練習で出せるパフォーマンスが、試合で発揮できない要素のひとつに、会場の違いがある。普段とは異なる場所で試合するために、感覚の違いから練習通りに動作できなくなるのだ。いつもと同じプレーができるよう、会場入りしたらまずコートのチェックをしておきたい。
　体育館によっては整備が行き届かず、「床が滑りやすい」「照明がまぶしい」「空調の風にムラがある」など、屋外では考えられないような影響がある。これらに試合に入ってから気づいていては、メンタルの動揺は抑え切れない。
　逆に外的な要因を理由にして、「負けた」言い訳を作ってしまうことになる。仮に不満があっても「出場者全員が同じ条件だ」と考え、不利で失った失点をそのポイントのみにとどめておくことが大事。次のポイントからはメンタルを切り替えて、試合にのぞむことが大事だ。

PART 4 MENTAL 26

試合当日の起床から会場入り
早めに食事を摂って会場に入る

試合日タイムスケジュール例

6:00	起床	睡眠時間をたっぷりとり、出発時間に余裕を持った時間に起床する。
7:00	朝食・散歩	バランスの良い朝食を摂り、余裕があれば散歩をしてリフレッシュする。
8:00	準備・移動	前日に用意した試合で使うアイテムを点検し、時間に余裕を持って出発する。
9:00	会場入り	試合会場に入ったら照明や空調などをチェックして、試合への意識を高めていく。
10:00	ストレッチ・ウォーミングアップ	ウォーミングアップで体をあたためる。アップ前にストレッチすることも効果的。
11:00	試合	試合ではメンタルを落ち着かせ、持っている力を出し切り全力でプレーする。
12:00	昼食	おにぎりなど軽食を摂る。食べ過ぎには注意。水分補給も怠らない。
13:00	試合	午後の試合にのぞむ。勝ちあがると相手はレベルアップするが、常に冷静にプレーする。
16:00	クールダウン	翌日に疲れを残さないためにもストレッチでクールダウンを心がける。

早めの会場入りで、ベストコンディションでのぞむ

　試合日は、試合の開始時間に合わせてタイムスケジュールを組むことが大事。**試合時にベストコンディションでコートに立てるように、食事は3〜4時間前に食べてしっかりと消化しておくことが大切だ。そのためには前日の早めの就寝、当日の早めの起床と朝食、余裕があれば早朝の散歩でリラックスしたい。**

　もし食欲がないならおにぎりやゼリーなどの軽食を用意しておき準備を怠らない。トーナメントに勝ち進めば、一日で数試合、朝から夕方まで試合は続く。

　逆に時間に余裕なく行動すると、あらゆる面で後手にまわらざるをえない。「朝ギリギリの起床による滞り」「摂るべきタイミングで摂れない朝食」「交通手段の遅延によるイライラ」など、どれも心身に少なからず影響してくる。つまり試合のコートに立つ前に、メンタルは大きく動揺しているのだ。

PART 4 MENTAL 27　試合前日の練習は確認にとどめる

前日の過ごし方

> **リラックスするのに最適な方法**
> ・音楽を聴く
> ・本を読む
> 　（卓球に関係の無い内容）
> ・入浴をする
> ・軽いストレッチをする

マイナス要素を作らず試合に向けてリラックスする

　試合が近くなると、不安感から短所を少しでも解消しようと、難しい練習に取り組む選手がいる。しかし、これは逆効果になりかねない。試合前日に、できないことに取り組んでも解決しないばかりか、悩みが増えるばかりでかえってメンタルがマイナスに入ってしまう。

　試合に向けてメンタルをプラス思考にすることが大事。マイナス思考になる要素は、できれば回避しよう。前日練習は自分のプレーの確認程度に抑えるのがベター。長所を活かすイメージをしながら、疲れが残らない程度に、軽めに取り組むようにしよう。

　帰宅後はリラックスに努める。試合のことを考えすぎると、必要以上に緊張が高まってしまうので、「卓球に関係のない本を読む」「音楽を聞いてリラックスする」などして、卓球から思考を切り離すのも良いだろう。

PART 4 MENTAL 28

日頃の練習①集中力アップ
集中力を高める練習に取り組む

ボールのロゴを見る意識で集中力を高める。

ボールに集中することで雑音を封じることができる

　メンタルが乱れる原因の多くは、外部からの働きかけだ。得点差や相手の所作、周囲の目などによって重圧がかかる。それらを回避することが大切であり、そのためには**ボールに意識を集めて1プレーに力を注ぎ込める集中力が求められる**。あらゆる状況下でも実力を発揮できるように、日頃の練習で集中力を高めることが大切。

　効果的なのは、ボールを注視する練習法だ。ボールに描かれている印字やロゴを注視することを目的にラリーする。卓球のラリーは、ハイスピードでボールが行き交うため、難易度は高いが、取り組むことで集中力がアップする。

　またコートのスミにボールを置き、ターゲットを狙ってサーブ練習をすることも有効だ。1球に集中して小さな的を狙うことで、周囲の雑音をシャットアウトできるようになる。

PART 4 MENTAL
29

日頃の練習②不利なジャッジで練習試合をする

ミスジャッジに練習試合で慣れておく

不利な状況でも平静を
保つための練習をする。

あえて相手寄りの判定で練習試合を行う

　人が審判を務めている以上、ミスジャッジは避けられない。重要なのは、ミスジャッジが起きたときにも心を揺さぶられず、自分のプレーに徹するメンタルを身につけておくこと。その場で不満を漏らしたり怒りをあらわにしてしまうと、モチベーションが落ちたりメンタルがマイナスに入ってプレーの質が落ちてしまう。

　とはいえ、突発的に起きるミスジャッジは、ショックが大きく切り替えることも難しい。試合で常に平静さを保つためには、練習で慣れておく必要がある。

　練習試合では、あえて相手寄りの判定をするよう審判に頼んで行うのもひとつ。練習試合とはいえ、実力が伯仲するライバルとの対戦でミスジャッジを体感すれば、試合でのメンタリティーを理解できる。

　このときは、深呼吸やセルフトークなどを用いて、メンタルを切り替えて次のポイントに取り組めるトレーニングを実践してみよう。

PART 4 30 イメージトレーニング
練習・試合前にイメージトレーニングをする

実際の試合を頭の中で思い描き、気持ちを表す。

イメージトレーニングでパフォーマンスが向上する

　練習前には準備運動やストレッチで体をほぐすのが基本だが、フィジカルのみならずメンタルもウォームアップを行うとパフォーマンスが向上する。

　練習でボールを打つ前に、イメージトレーニングを5分程度行う習慣をつけると、練習自体へのモチベーションを高められる。

　目をつぶってラケットを持ち、実際にスイングしながら自分の最高のプレーをイメージしてみよう。

　練習前、あるいは試合前のイメージトレーニングでは、リラックス状態で、実際に体を動かしながら得意なプレーやトライしたいテクニックをイメージし、同時に戦術面も頭に思い描く。最初はゆっくり、徐々に本来の動作と同じスピードで動作することがポイントだ。

PART 4 MENTAL

31 卓球ノートを毎日書く

卓球ノート

ノートに書き込むことで、
考えが明確になり、
上達のスピードがアップする。

考え方を整理して上達スピードを早める

　自分の長所・短所など選手としての特徴を客観的に見ることができると、より正確な分析が可能になり、卓球技術のレベルアップにつながる。そのために効果的なのが、卓球ノートをつくることだ。

　毎日、練習内容や試合の反省を書き込むことで、自分の考え方や卓球に対する取り組む姿勢をまとめることができ、より良いプレーをするために必要なことが明確になる。

　頭で漠然と考えるだけでは曖昧になりやすく、その場では深く考えられたとしても忘れてしまうことがあるので、手を動かして文字として残すことが重要だ。

　またノートをつける作業には、積み重ねることで長期的な自分の学習曲線、コンディションの浮き沈みを把握できる効果もある。加えて、ノートに書き込んだ内容をコーチなど指導者に発表する習慣をつけると、別の視点からのアドバイスをもらえて効果的だ。

Column

練習は改善点や反省・試合は振り返りながら分析

　卓球ノートは毎日書き込むことが重要だ。強豪校といわれるチームの選手でも、ノートをしっかり書いている選手といない選手がいるが、成長度合いをみるとノートをつけている選手の方がスキルアップしている。

　項目は、練習日は取り組んだ練習とその練習の反省、自分が得た技術、目標の達成率、次に向けての意識する点などを挙げる。試合後のノートでは、勝敗に関わらず展開を振り返りながら良くできた点とミスを分析することが大事。メンタル面も同様に、緊張の度合いや集中が切れたところがなかったかをしっかり考える。そうすることで、試合中に自分がどのような場面でメンタルが動くのかが理解できる。

PART 5

試合での
メンタルマネジメント

写真：卓球レポート／バタフライ

PART 5 試合中のメンタル
32 試合での心理をチェックする

メンタルをキープすることが、
パフォーマンスの維持につながる。

写真：卓球レポート／バタフライ

試合でのメンタルを把握して対策を練る

　試合ではメンタルに負担がかかる場面が多数ある。試合がはじまる前の緊張や相手選手に対する苦手意識、実力を発揮できないかもしれないという不安などから、マイナス思考に陥る可能性がある。

　試合中も展開によっては、優位なポイントから逆に追い詰められて急に思い通りにプレーできなくなったり、勝つ可能性があるにも関わらず、早々と試合を投げてしまうこともある。

　メンタルが乱れると筋肉がこわばって本来のプレーができなくなり、また思考力も損なうので判断ミスをしやすくなる

　「メンタルの乱れ」から「パフォーマンスの低下」という悪循環につかまると、攻勢に転じられなくなるばかりか、つかみかけていた勝利を逃すことにもつながりかねない。
　まずはコート上でどのような心理的な動きがあるのかを把握し、その上でそれらに対応する方法を身につけよう。

試合でメンタルに影響を及ぼす要因

☑ 対戦相手がシード選手で萎縮してしまう

☑ 対戦相手が自分より格下のため「負けられない」という思いが強い

☑ 観客や応援の声、会場全体の雰囲気が気になってしまう。

☑ 審判のジャッジに不信感を持ち、惑わされてしまう。

☑ 得点が開き過ぎてゲームを投げしてしまう。

☑ 余裕のあるリードが一気に追いあげられてしまう。

☑ あと数ポイントという状況で相手のミスに期待してしまう。

☑ リードされる厳しい展開で同点に追いつき、ほっとしてしまう。

☑ 「勝てる！」と思った瞬間から攻撃的なプレーができなくなってしまう。

メンタルが乱れ、思うようなプレーができない

+1 プラスワンアドバイス

平常心をキープする
テクニックを実践する

実力を発揮するためには、試合にも練習と同じ平常心でのぞめることが理想だ。とはいえ、練習と全く同じ状態でコートに立つのは難しいので、次ページから紹介するメンタルをポジティブな状態にキープするテクニックを駆使しよう。

PART 5 MENTAL 33

試合中の表情

ポーカーフェイスを心がける

ポーカーフェイスでプレーしながらも、嬉しい場面ではガッツポーズで気持ちを高める。

悪い表情は極力出さずに淡々と自分のプレーをする

　メンタルを一定にして、常にベストプレーを繰り出せる状態が試合中の理想的なコンディション。ミスをしてしまったり、とれるボールを返せなかった場面では、悔しさから表情を歪めてしまいがちだ。しか悔しさを表に出すと、それをきっかけにマイナス思考に陥りやすい。

　可能な限りポーカーフェイスを心がけて、気持ちになるべく揺らぎが生まれないようにするべきだ。そうすることで**良い場面でも必要以上に舞いあがらず、悪い場面でも焦らず淡々と自分のプレーを続けられるようになる。**

　とはいえ、完全なポーカーフェイスはトップ選手でも難しい。重要なのはポイントごとに極端に感情を上下しないことなので、マイナスの感情を出さずにプレーを継続する意識を持ち、嬉しい場面ではガッツポーズなどで表現しても問題はない。

PART 5 MENTAL 34

視線のコントロール
視線を泳がさず一定にする

ラリー後にシューズの靴ヒモを結び直すことも、視線を一定にする効果的な方法。

自分のプレーに意識を集中する

　コートの周囲にたくさん観客が集まっていたり、応援団の声援が大きい試合では、会場の雰囲気の違いから集中しづらい。このとき、プレーが止まるたびキョロキョロと目線を泳がせてしまうと、注意力を失い余計に試合へと入れなくなる。

コート外からのノイズを意識の外に振り払えるように、自分の視線を一定にする方法でメンタルを維持しよう。

　ラリーが終わっても視線をラケットやボールに向けるようにすると、意識を試合に向けたままにできる。ほかにも、シューズの靴ヒモを結び直すなどの方法もある。自分のそばにあるアイテムをじっと見ることを試してみよう。

　周囲がどんなに騒がしくても、試合が行われているのはコート上なので、周辺環境に左右されることなく自分のプレーにのみ意識を集中させよう。

PART 5 MENTAL 35

リラクセーション

軽く体を動かして緊張感を緩和する

軽くジャンプするなどして体を動かすと、体のこわばりをほぐせる。

ゆっくりと動作してリラックスする

　試合での逆境や劣勢の場面は、プレッシャーを受けやすく緊張感が増す。筋肉がこわばりミスしやすい状況なので、ラリーが止まっている時間を利用してリラックスし、体をほぐす必要がある。

　その際、屈伸や肩・腕を回すなど簡単なストレッチをすると有効だ。**焦らずゆっくりと筋肉を伸ばし、冷静さを取り戻そう。深呼吸を伴って動作すると、より効果的**。また口角をあげて笑顔を作る方法も、リラックス法のひとつだ。背すじを伸ばし、胸を張って笑ってみよう。

　にこやかな笑顔をつくることで、こわばっていた顔の筋肉はほぐれ、緊張感もやわらいでくる。試合での大事な局面や相手に追い込まれたときなどは、純粋に「試合を楽しもう！」「卓球が楽しい！」という気持ちでのぞむことが大切だ。

PART 5 MENTAL 36

セルフトークの活用

前向きなセルフトークでミスを忘れる

強気！

セルフトーク例

□ **集中力を高めたい場面**
「1本集中するぞ」
「この1本を獲るぞ」

□ **ポイントを失った場面**
「次で挽回するぞ」
「切り替えよう」

□ **メンタルが動揺した場面**
「強気で攻めよう」
「守りに入るな」

ポジティブな言葉を発してメンタルを保つ

　ミスショットをしてしまった場面は、メンタルがマイナスに入りやすく非常に危険。このようなピンチを回避するためには、セルフトークを用いてポイントを失った気持ちを切り替えることが大切だ。

　ミス直後に**「次は成功させるぞ」「気楽にリラックスして行こう」などポジティブな言葉を口に出して、メンタルを落ち着かせることがポイントになる。**

　プレーのポイントとなる動作を再確認するのも有効だ。しかし、自らを叱責するようなセルフトークになってしまうと、逆効果なので注意。なかには自分を鼓舞する目的で叱責する選手もいるが、強いメンタルを持っていないとプラスに働かないこともあるのでオススメできない。自信を失わず、ポジティブなままプレーするための行為であることを意識しよう。

PART 5 MENTAL 37

試合中にイライラしてしまう

深呼吸で冷静さを取り戻す

メンタルの焦燥状態

イライラ　怒り　あせり

思考力・判断力が低下

↓

セルフトーク　深呼吸

メンタルがクールダウンしパフォーマンスキープ

ゆっくり呼吸して気持ちを落ち着かせる

　プレーがうまくいかない、主導権をなかなか握れないといった場面は、気持ちがイライラしやすい。メンタルが焦燥状態に陥ると、呼吸が浅くなって脳へ酸素が行き届きづらくなり、プレーはもちろん思考力も落ち込んで判断が鈍る。

　その場の怒りにとらわれると、当然いつも自分のプレーができなくなるので、なるべく早く冷静さを取り戻す必要がある。**試合中に自分が焦燥状態にあると感じたら、繰り返し深呼吸をしよう。**

　可能ならポイント間のインターバルにリセットできることが理想だ。メンタルが熱くなり過ぎて、なかなかクールダウンできないなら繰り返し行おう。

　ミスジャッジなど外的な要因によって、メンタルに影響を受けることは、焦燥状態に陥りやすいので注意しよう。深呼吸だけでは落ち着かない場合は、セルフトークなども組み合わせて自分をコントロールする。

PART 5 MENTAL 38

最後の1ポイントまで集中する
相手のミスを期待しない

点差を気にせず自分のプレーに集中する。

揺さぶりをかける心理戦は成長につながらない

　勝ちを追い求める真剣勝負では、テクニックの応酬とは別に、メンタルの駆け引きが繰り広げられる場面がしばしばある。相手を挑発したり、威嚇することで揺さぶりをかけて主導権を得ようとする行為がその代表例といえるだろう。

　スポーツ競技によっては、このようなずる賢いプレーが認められているものもあるが、**相手のミスを誘発することは、「ミスを期待する」行為であり、その時点で****メンタル面で劣っている行為とも考えられる。**

　ミスを期待してしまうと、期待に反して鋭いサーブやリターンが来た場合、予想とのギャップによりプレッシャーを感じて、守りに入ってしまう。勝利を意識する場面でありがちな心理状況なので、決して守りに入ってはならない。

PART 5 MENTAL 39

プラス思考の継続

相手を超えるべき壁として認識する

対戦相手に対して

- マイナス思考→×
- プラス思考 →○

「越えるべき壁として認識」

相手に感謝する気持ち

相手のパフォーマンスを自分のモチベーションにする

　強敵との対戦、厳しい打ち合いが繰り広げられる試合では、勝負に対してプレッシャーを感じるものだ。しかしマイナス思考でネガティブな感覚ばかりになると、「プレーを楽しむ」というパフォーマンスを発揮する上で、もっとも基本となるメンタルからかけ離れてしまう。

　ポイントはまず相手を"自分が越えるべき壁"として認識することだ。このように考えることで、**相手が強敵だとしても「この強敵を乗り越えてさらに強くなる！」と、新たなモチベーションに変えられ、相手に感謝する気持ちすら生まれてくる。**

　また、照明や空調といった試合会場の環境面の悪条件にも、乗り越えなければならない壁としてとらえることができれば、メンタルをプラス思考のままにプレーを続けられる。

PART 5 MENTAL 40

ダブルスのコミュニケーション
ポジティブな言葉をパートナーにかける

ペアへの有効な言葉がけ

●ミスした場面
「深呼吸してからサーブを打とう」
「足を止めずに次の準備をしよう」
「切り替えて次に集中しよう」
「狙いどころを変えてみよう」

・悪い例
× もっと回転をかけた方がいい
× 力んでるよ　× 次は絶対に決めよう

●重要な場面
「いつも通りにプレーしよう」「得意なプレーで勝負しよう」
「1ポイントずつ集中してとっていこう」
「相手の方がプレッシャーがかかっているから余裕を持って行こう」

・悪い例
× ここ大事なところだよ
× 慎重にプレーしよう　× これをとったら勝てる

コミュニケーションからペアとして成長する

　2人で戦うダブルスでは、コミュニケーションで相互にメンタルをサポートし合うことができる。しかし、方法を誤ると逆効果になるので注意が必要だ。パートナーとのコミュニケーションには、言葉がけが基本となる。気持ちを伝える手段として表情やサインなどもあるが、緊迫した試合で誤解を生まない言葉がけが有効なのだ。
　ポイントになるのは言葉の選び方で、前向きな言葉でパートナーのメンタルを高めることが必要。試合中に言葉を交わせる時間は限られているので、「ナイス!」「ドンマイ!」「集中していこう」など簡潔に伝えることが重要となる。
　技術についての細かい指摘やアドバイスなどはNG。伝わりづらいうえ、パートナーにとって逆にプレッシャーとなったり、混乱を招く要因になる危険がある。

PART 5 MENTAL 41

試合中の切り替え
チェンジエンド・タイムアウトで落ち着く

インターバルを活用して、メンタルを休ませる。

中断時間を活用して気持ちをリラックスさせる

　試合では、ゲーム間に行われるチェンジエンドで1分間のインターバルがある。この時間は戦術の確認やその後の展開などを指導者と話し合ったり、分析するために使われることが多い。

　しかし気持ちが張り詰めたままだと、メンタルを休めることができず疲弊してしまうので、リラックスすることも大切だ。**短い時間を活用できるように、まず深呼吸でしっかりと気持ちを落ち着かせる**。指導者からの声かけは、選手が混乱しない程度の戦術的な指示にとどめ、プラス思考で次のゲームにのぞめるアドバイスが理想だ。

　チェンジエンドに加えて、ゲーム中に一度、1分間のタイムアウトをとることもできる（※大会によって異なる）ので、うまく活用してメンタルを高いレベルに維持していこう。

PART 5 MENTAL 42

試合結果に対する感情

「勝利は喜び」「敗北を言い訳しない」

勝利は存分に喜んで卓球に取り組むモチベーション。

今後につなげるために試合結果を受け止める

　試合に勝利した際は、喜びの感情を表に出すべきだ。**それまでの積み重ねによって得たポジティブな結果に対し、しっかりと喜んで自分を褒める。指導者やチームメイトからの賞賛は素直にとらえ、次へのモチベーションにしよう。**

　勝利とはいえ反省点は必ずあるものだが、直後は感情を優先させることも良いだろう。振り返ってからの分析は、あとからでもできるが、直後の喜びはその瞬間しか味わえない卓球というスポーツの醍醐味でもある。

　敗北した場合はくよくよせず、すぐさま反省に頭を切り替えて、自分の足りなかった部分を考える。言い訳をしてしまうと外的要因に責任を押しつけて向上できなくなるので、「自分がどうするべきだったのか」に集中することが重要だ。終わった勝負を後悔するより、負けをいかに成長につなげるかを考える。

PART 5 MENTAL 43

プレーの評価

試合を振り返り課題を見つける

試合後の振り返り項目

① **自分の良かったプレーやうまくいった部分**
（・どんな軌道や回転で打ち込めたか　・どのような場面でプレーを実践したか
・打ったときのフィーリングはどうだったか）

② **自分の悪かったプレーやうまくいかなかった部分**
（・今後改善したいと思う部分はあったか　・どのような場面で悪いプレーがあったか）

③ **メンタルの状態**
（・立ちあがりで集中できていたか　・ミスしてもうまく切り替えられたか
・相手の流れでも耐えることができたか）

④ **実力発揮の度合い**
（・自分の実力を何％程度発揮できたか　・練習の成果を出せたか）

⑤ **今後への展望**
（・同じ相手ともう一試合するとしたらどう戦うか　・今後伸ばしていきたいポイント）

※振り返り内容は試合後のメンタル状態によって異なる。引きずってしまう危険があるなら無理に悪い部分を思い出さない、など。

反省では良かった点と悪かった点を両方挙げる

　試合後には勝者・敗者に関わらず、その内容を振り返ることが重要だ。真剣勝負のなかから自分の新しい課題を見つけることができれば、上達への早道になる。

　振り返る方法としては、チームメイトや指導者に映像を録画してもらうのが最もわかりやすい。試合での技術的なフォームチェックはもちろん、所作や表情からメンタルの動きも把握することができる。

　映像が録画できない場合は、第1ゲームから順に思い出して反省し、ノートに記してみよう。このとき、良かった点と悪かった点を両方挙げることがポイント。つい悪い部分ばかりに注目してしまうが、うまくできたプレーを思い返すと、良いイメージが身について次からも繰り出せるようになる。

　ダブルスの場合は、二人揃って反省をすると意見を出し合えるので効果的だ。

PART 6

トップ選手に
なるための
メンタルの壁

写真：卓球レポート／バタフライ

PART 6 MENTAL 44

強いチームでのレベルアップ
強豪チームの心構えを身につける

優れた環境を
100%活かして
成長につなげる。

充実している環境でさらなる技を磨く

　伝統・歴史を持つ強豪チームには**有名指導者や実力のある先輩が揃っており、さまざまなことを学ぶことができる。また練習設備など環境の面でも充実していることが多く、効率的に上達できるだろう。**

　しかしチームメイトの技能レベルが高いために、団体戦のレギュラー争いは熾烈で試合に出るのが難しい。チームを代表して戦う重圧のかかる団体戦は、何事にもかえられない貴重な経験だけにまずは団体戦メンバー入りを目指したい。

　一方で選手によっては、チーム内での実力差に打ちのめされてモチベーションを失ってしまう恐れもある。名門チームで頭角を表すためには、高い目標が必須といえる。

　名門チームに入ることが必ずしも正解というわけではないので、自分の性格や相性などを複合的に分析し、最も実力を発揮できる道を模索するべきだ。

PART 6 MENTAL 45 相手が自分をどう見ているのか考える

勝たなければならない重圧感

劣勢でもメンタルを上手く切り換えて、自分のプレーをキープする。

メンタルを切り替えるスイッチをつくる

　高いレベルで優れた成績をコンスタントに残す強豪チームは、その名前だけで対戦相手にプレッシャーを与えることができる。相手のメンタルが崩れかけている状態であれば主導権を握ることは容易で、対戦相手はミスを連発して自滅する場合もあるだろう。

　しかし押される展開では、逆に強豪の名前が自分にのしかかってくる。名前に呑まれることなく反対にモチベーションを高めて相手選手が勝負を挑んでくるなどして、劣勢に立たされてしまうのだ。勝たなければならないという意識が空転してパフォーマンスが低下する恐れがある。

　相手にかけるはずのプレッシャーが、展開によっては逆に自分へと向かってくるので、その場面で上手く切り替えられる能力が必要だ。 プライドを捨てて相手と向き合うスイッチを身につけよう。

PART 6 MENTAL 46

控えとレギュラーの考え方
チームを団結して強くなる

チームの結束力が
全体のレベルアップにつながる。

レギュラーと控えの垣根のないチームづくりがカギ

　チームをひとつにして目標に向かっていくためには、全員が同じ意識で上を目指していかなくてはならない。しかし集団をまとめるのは難しく、特にチームにおいては実力のある選手とない控え選手との間に、決定的な差が生まれてしまうこともある。実力の差が拮抗しており、めまぐるしくチーム内でのランキングの入れ替えがあるのならいいが、固定気味になってくると控え選手たちがモチベーションを失い、チームの団結が崩れる危険がある。

　チームを結束させるためには、レギュラー側から働きかける方法が効果的。**実力のある選手が日頃から控えとなっている選手と積極的にコミュニケーションをとる。そうすることで団体戦はもちろん、個人戦でも率先して応援するなどメンタル面に必ずプラスになるはずだ。**

PART 6 47 対戦相手のリサーチ
相手を調べて試合の準備をする

情報収集 → 戦術構築（・戦型・利き手 ・戦歴・苦手コース などから考える）→ 対策練習 → 試合

対戦相手

相手の情報を集めて研究したうえで挑む

　大会で勝ち進むと、格上選手との対戦は避けられない。実力差がそれほどなければ真っ向勝負でも競り合うことができるが、ハイレベルな選手と対戦する場合は、オーソドックスに正面から立ち向かうのは無謀というもの。

　勝利するためには、まず相手の情報を集めて、対策を練る。名門や強豪は注目度が高いので、おおやけになっている情報が多く、メンバーの戦型や戦歴が調べやすい。**徹底的にリサーチし、相手の苦手なコースをついたり、相手の長所を出させないプレーに特化するなど、練習を通じて作戦を立てるなどすれば優位に立てる。**

　こちらが実績のないチームなら、それだけ相手にとっては情報不足となる。一方的に相手を分析することになれば、実力差をひっくり返すことも可能だ。

PART 6 MENTAL 48 — チームの一体感

チーム全員が高い意識を持って上達を目指す

個人のレベルに応じた目標設定をして取り組む

チームをより高みを目指す優れた集団にするためには、全員が高いモチベーションを持つ必要がある。そのためには目標設定が有効だが、チームにはさまざまなレベルの選手が集まっているので、全員で目標を統一するのはあまり良い手ではない。

全国レベルのタイトルを狙う選手がいれば、レギュラー入りを目指す選手もいる。勝敗よりも楽しむことを重視して卓球に取り組む選手もいるだろう。実力のある選手に合わせて全国優勝を目標に掲げてしまえば、残りの選手たちは遠すぎる目標にやる気をなくしてしまう。

卓球は個人スポーツでもあるのだから、**目標も個人個人に持たせると良い。それぞれのレベルに合った目標の達成を目指すことで、全員が高い意識をキープでき、互いに励ましあえるようになる。**

PART 6 MENTAL 49 控え選手がレギュラーのサポートをする

団体戦のメンタル

控え選手の応援などの
サポートがチーム力を高める。

プレー以外の役割を控え選手が担ってチーム全員で戦う

　団体戦などの試合はレギュラーだけが行うのではなく、**チーム全員で戦う意識を持つことが大切だ。そのために、控え選手がレギュラーメンバーのサポーターとしての役割を担う。**

　ストレッチの補助役としてコンディショニングの手伝いをしたり、対戦が予想される相手を想定した練習相手になるなど、試合に向けてこなさなければならない仕事は数多くあるので、レギュラーが試合に集中できるように万全の準備を整える。

　こうした役割を担うことで、控え選手はチームに貢献している実感を得ることができ、チームの団結が一層強まる。またレギュラーも、「裏方の仕事に回ってくれているチームメイトのためにも勝利しよう」と、高いモチベーションで試合にのぞめるだろう。

PART 6 MENTAL 50

試合でかかる重圧
緊張やプレッシャーを味方につける

外部からのプレッシャー

集中状態

セルフトーク
キーワード法

ポジィティブ
シンキング

平常心

ポジィティブシンキングでメンタルを安定させる

　試合で実力を発揮するためには、いかに平常心でコートに立つかが重要になる。緊張して気持ちが高ぶると、メンタルが乱れて練習通りのプレーができなくなるのだ。勝ちを求めるあまりに「負けられない」「ミスはダメだ」と考え始めるとマイナス思考に陥り、余計にメンタルが乱れてしまうので、ポジィティブシンキング（＝プラス思考）を心がけることが重要。

　とはいえ、ポジィティブになろうと思っても簡単に前向きにはなれないもの。**その際には、セルフトークやキーワード法などを実践し、プレーに集中すると良い。**

　緊張やプレッシャーは主に、周囲（指導者、チームメイト、対戦相手）の期待などから生まれるものなので、自分に意識を集めることで雑音を消し、リラックス状態を作り出そう。

PART 6 MENTAL 51

試合展開での優劣

積極的なプレーで主導権を握る

攻め続ける意識が試合を優位に進められるポイント。

チャンスを見逃さずに強気で攻撃をしかける

イニチアシブ（主導権）を握り続けて試合を進め、勝利で試合が終了すればそれほど理想的なことはない。しかしながら、試合の流れは流動的に双方の間を行き来するもので、よほどの実力差がない限りは、イニチアシブを一方がつかんだまま終わることは極めて少ない。

重要になるのは、いかにイニチアシブを握っている時間を長くするかだ。自分のペースでプレーできる時間が長ければ、それだけ得点も重ねられる。

ポイントは、攻撃に転じる積極性だ。**攻撃をしかけられるボールが来たタイミングで、迷うことなく攻勢に出られるメンタルが求められる。**慎重さも大切だが、チャンスで守りに入ってしまうと試合の流れをつかめないばかりか、勝利を目前に逃してしまうこともある。常に強気で攻め込んでこそ、勝利に近づけるのだ。

PART 6 MENTAL 52

相手応援団の声援
相手選手の重圧を想像して優位に立つ

声援をシャットアウトして、メンタル面で優位に立つ。

声に耳を貸さず冷静さを保ってプレーする

　多くの応援団を引き連れている選手との試合では、多勢に無勢の状況で戦っているような錯覚に陥りがちだ。心細さを感じるなどしてメンタルを乱し、ミスをしてしまっては相手の思うツボなので、しっかりと対策しなくてはならない。

　まず、応援団はプレーに関与できないコートとは無関係の存在だということをしっかりと頭に入れる。味方ではないが、だからといって直接的な敵でもない。当たり前のことだが、最初に考えておくことで、良い意味でうるさい応援団を無視できる。

　次に、相手選手にのしかかるメンタルの負荷をイメージする。大勢からの声援は力になるがプレッシャーにもなり得るはずだ。それを背に受けて戦う相手の心持ちを想像することで、逆にメンタル的な優位に立ち、冷静にプレーできるようになる。

PART 6 MENTAL 53

味方応援団の声援
声援に対しては全力プレーで返す

応援に対する感じ方の違い
- 応援を力にできるタイプ → 「がんばろう！」 モチベーションアップ
- 応援をストレスに感じるタイプ → 「絶対に勝たなくては…」 マイナス思考

期待に応えようと過度に考えすぎないことが大切

　応援に対するとらえ方は、大きく2通りに分けられる。1つ目は「がんばれ！」などの声をそのまま力に変えられるタイプで、声をかけられた分だけモチベーションを高められる。

　そして2つ目は、それらの声をストレスに感じるタイプだ。「多くの人に応援されているからには絶対に負けられない」というマイナス思考に陥り、メンタルを乱してしまう。

　2つ目の心理状態になるのは、期待に応えようという気持ちが膨れあがってしまうことが原因だ。

　考え方を切り替えて、勝利ではなく「全力のプレー」で声援に応える意識を持つことが大事。応援してくれる家族や友人、チームメイトは、努力の成果を精一杯に発揮する姿を見たいと思っているはずなので、勝利以前のところに目的を置き、声援をプラスにとらえよう。

PART 6 MENTAL 54 喜びを表現してリフレッシュする

得点シーン

喜びを表現しながらも、次のポイントに頭を切り換える。

モチベーションを高め次のラリーへ気持ちを切り替える

　ハイスピードでボールをやりとりするラリーは、フィジカルはもちろん集中をキープしなくてはならないためメンタルも消耗する。

　試合中にも適度な心理面でのリフレッシュができると効果的で、そのために最適なのが得点時の喜びの表現となる。**「よし！」などの声出しにガッツポーズを伴って喜びを表現することにより、モチベーションを高められるのだ。**

　また喜びを表現する動作がきっかけとなってリズムになることもあり、劣勢の場面では逆転に向けて自分を鼓舞できる。

　とはいえ喜びを表現したものの、頭は次のポイントに切り替えなければならない。ラリーを制した良いイメージは持ちながらも、相手の次の出方を冷静に分析する必要がある。声出しとガッツポーズで頭を切り替えるスイッチと考えよう。

PART 6 MENTAL 55

相手への威嚇
威嚇行為は自分の首を絞める

自分を奮い立たせすぎると、冷静さを失う危険がある。

大声や過度なパフォーマンスは冷静さを失う原因となる

　試合で得点した際に大きな声を出したり、大きく動き回るなどのパフォーマンスをすると、対戦相手のメンタルに打撃を与えられる場合がある。それは故意的でなくても、威嚇行為となることもある。

　しかし、スポーツマンシップの面を除いても、この行為は有効ではない。自分を奮い立たせることは大切だが、**気持ちを高ぶらせすぎると気合が空回りしてプレーの精度が落ちる可能性がある**。加えて、冷静さを失って作戦を失念してしまう危険もあるのだ。

　自分がやるべきことがポンと頭から抜け、試合の流れが相手に傾き、結果的に自分の首を絞めることになるので注意しよう。トップ選手の試合を見ても、過度なパフォーマンスをしている選手はいない。自分のプレーにのみ集中して試合にのぞもう。

PART 6

MENTAL 56

日本人の性格

プレッシャーへの弱さを自覚する

メンタルの弱さも、
考え方次第で長所に出来る。

写真：卓球レポート／バタフライ

弱さを認めて充分に対策する

　個人差はあるものの、日本人は国民性としてメンタル面が脆く、プレッシャーに弱い傾向があるといわれてきた。周囲からの期待感は、他国では基本的に選手の力となるものとされているが、日本においてはマイナスに捉えられがち。

　日本では謙虚さが重視され、そのように教育を受けた結果、外国人とは違った感性が身についたのだと考えられる。

　パーソナリティに深く根付いたものを変えるのは難しいことなので、いっそプレッシャーに弱いことを認めて自分の特性として考えよう。 弱さに気づいてさえいれば、プレッシャーに対する対策を充分に行うことができる。

　マイナスに考えがちな思考回路も、練習や試合を進める際の慎重さとして長所へと変換できれば、心強い武器になる。

PART 7

メンタルのまとめ

写真：卓球レポート／バタフライ

PART 7 MENTAL 57

トップ選手たちのメンタリティー

メンタルを強化して
世界のトップに立つ

充実したメンタルが、
思い切りの良いプレーにつながる。

写真：卓球レポート／バタフライ

選手に心の準備をさせて試合に送り出す

　私がメンタルを指導した卓球選手の一人に、福岡春菜選手がいます。彼女が世界の大きな大会に出場するチームに選出された際に、「緊張しやすい性格なのでみて欲しい」という代表監督からの依頼がきっかけでした。

　福岡選手は、対戦が予想される強豪国のある選手への対策としてカギを握る役割を担っていたのです。

　いろいろな話をしてみて、深呼吸だったり緊張をほぐす方法をいくつか授けたものの、なかなか元々の緊張しやすい性質を変えるのは困難でした。

　大会が始まって最初の試合日の朝、私は福岡選手に「今日、試合に出るかもしれないぞ」と言いました。その日は大会前から研究していた本命の相手ではなかったので、本人は、「なんで？」という様子でした。

　私には監督もいきなり福岡選手を試合に出せないはずだから、本命の相手の前に負けても痛くない場面で使ってくれるのでは、という読みがあったのです。

　だから、**監督に「行け」と言われたら元気良く「はい！」と返事をして出なさい**、と付け加えました。**その読み通り、福岡選手は試合に出場し、勝利することができました。**そして、それ以降の試合にも出て勝ち続け、大会中は一度も負けなかったのです。

指導者の声かけひとつで選手の意識が変わる

　福岡選手はサービスが良く、誰もとれないような「王子サーブ」という武器を持っています。国際大会でコーチ陣から、「あまり出すな、出しすぎると相手に慣れられてしまう」との忠告もありました。私のアドバイスとしては、最大の武器であるサービスを手掛かりに、思い切ってプレーして欲しいというものでした。

　王子サーブを打つことを躊躇する福岡選手に対して、私はいつも「たった1回や2回で慣れられるようなサーブじゃないんだから、どんどん出していけ。弱気になっているから中途半端なサーブになるんだ」と言っていました。

　もちろん使い過ぎれば慣れられてしまいます。しかし、そう言ってしまうと福岡選手は王子サーブを全く出せなくなるので、「使いたいと思ったら迷わず使いなさい」と指導していました。

　こうした場面では、コーチや指導者の声の掛け方が大きな意味を持ちます。「気をつけろ」「使いすぎるな」なんて言われたら選手は全く使えなくなってしまいます。

　選手を混乱させないように、選手と同じ気持ちで声を掛けることが大切で、明確に「こうしなさい」と言ってあげるのが理解しやすいのです。

試合では、メンタルを
マイナスに入れないことが大切。

落胆するよりも気持ちを切り替えて次を見据えて行動する

ある試合では故意でないもののレギュレーションの違反があり、福岡選手の試合が没試合になり、ゲームに負けていないのに黒星がついたことがありました。

とても落ち込んでいた福岡選手に私は「落ち込んだ姿を見せるな」とアドバイスしました。福岡選手が落ち込んだままでは、ほかの選手や監督にも心配させることになり、チーム全体をマイナス思考に導いてしまうからです。

福岡選手には落ち度がなかったのだから、気持ちを切り替えて明日、監督やコーチに「行けるか？ できるか？」と訊かれたら、いつものように「はい！」と答えられるように準備しなさいと伝えたのです。

そして福岡選手は翌日の試合に起用され、見事期待に応えたのです。

ちょっとしたことでメンタルは乱れてしまう

その大会は結局、団体戦で3位まで勝ち進みました。なぜ優勝できなかったのかといえば、これも完全にメンタルによる心の乱れが原因でした。準決勝でまず2ゲームを先取し、あと1ゲームをとれば、「勝利」という試合終盤の場面で観客の携帯電話が鳴ったのです。

その選手は着信音を聞いて一度トスを躊躇し、一拍置いてから打ちました。しかし、そのポイントを落とし、さらにはサービスも相手にとられて流れが一気に相手のものとなったのです。

サービスの間を狂わされたことによる、心の乱れに乗じて、さらに勝ちを意識してしまったのかもしれません。**メンタルが「負けたらどうしよう」というマイナス思考に入ったらもうおしまいです。**

このときは、うまく勝利に導けなかったことを非常に反省しました。

プレーのリズムを変えて状況を打破する

このように一度、相手に流れがいってしまえば、なかなか自分のリズムを取り戻すのが難しくなってしまいます。

相手が調子に乗ってポンポンと打ち込んでくる場面では、そのテンポに付き合わず、リズムを変化させると良いでしょう。**私は「ポイント間に1回、深呼吸をしてごらん」とよくアドバイスします。すると試合のリズムがやや乱れて、相手は一定のテンポではいられなくなる。**

そこで若干でも集中力が低下してくれれば、相手は同じ調子では打ち込めなくなるんです。逆にこちらは、そこで持ち直していけるので、ちょっとしたことですが非常に効果的です。

逆に自分が押しているときには、ドンドン攻めていくと良いでしょう。

最終段階でのコンディションチェックは逆効果

確かに選手には調子の良し悪しもあります。しかし、その日の調子でプレーに波があることは心の乱れにもつながります。コンディションはあまりチェックしないように選手たちにアドバイスしています。

調子自体は浮き沈みがありますから、その良し悪しでメンタルまで乱れてしまうのは良くありません。それにコンディションのチェックは、始めると細かくしてしまうものです。**細部まで確認していたら、どこかしらは悪いところが出てくるでしょうから、マイナス思考に気持ちが傾いてしまうのです。**

試合まで一週間を切っているような最終段階では、悪いところを探すよりも、そのときできる最大限の努力をした方がずっと良いでしょう。

相手の流れの場面では、
そのテンポに付き合わず
リズムを変える。

写真：卓球レポート／バタフライ

試合中に考えすぎると深みにはまってしまう。
最後までやり切ることを意識してプレーする。

写真：卓球レポート／バタフライ

通用しなくても
戦い方は簡単には変えない

　試合での難しい状況のひとつに、対戦相手をしっかりと研究し、その対策を練ったのにも関わらず通用しない場面があることです。このときに、通じていないとみるやすぐに戦い方を変える選手がいますが、私はそれよりもやり通す方が良いのではないかと考えています。

　サーブが1本入らなかったからといってすぐ弱気になって変えてしまうのですが、サーブなんて1本は誰でも失敗するものですから、2本目も同じように狙っていって、それでも失敗したら3本目から変えれば良いのです。**1つ1つのプレーでいちいち動揺して、試合中に考え出したら深みにハマってどうしようもなくなります。調子が良いときというのは難しいことを考えずにプレーするものですから、同じようにやりきるのが良いでしょう。**

「これでダメならしかたない」と最後までやりきる

　メンタルが崩れがちな選手は特に「2本ミスしたら3本目から変えなさい」と伝えますね。具体的な対処法として伝えると、外すたびにいちいち動揺せずにプレーに集中できるのです。焦ってパニックになるより、「これでダメだったからしかたない」と、やりきるべきです。その方が試合後にも有意義な反省ができますし、そういう失敗を繰り返して選手は強くなっていくものです。

　失敗すると「相手が苦手なタイプだったから」などと、言い訳をする選手がいます。私は「じゃあ、こうしたら」と具体的なアドバイスをするのですが、その選手は最初こそ、アドバイス通りにプレーしていますが、ちょっと上手く行かなくなってくると戦術を変えてしまう。**やり切ってくれれば「私（指導者）の指示が悪かった。今回を踏まえて次の対策を考えよう」と言える**のですが、途中で変えてしまってはそれができません。

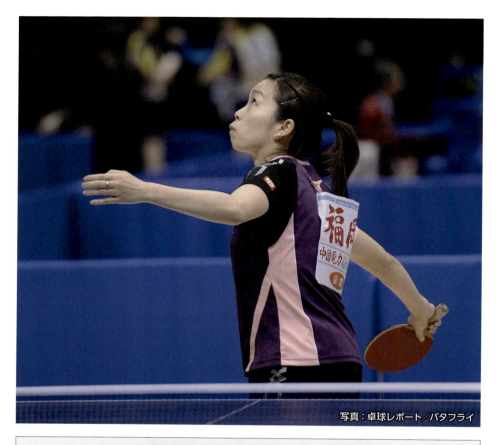

写真：卓球レポート／バタフライ

日本卓球のメンタルへの動き
強化の現状

　日本卓球協会でメンタルの専門家が活動をしたのは、1981年の東京世界選手権の前年からでした。当時は卓球以外の競技種目に、メンタルの専門家が活動しているという情報はありませんでした。1984年のロサンゼルスオリンピック以降に、日本でもJOCがメンタルマネージメントのプロジェクトを立ちあげました。もちろん卓球もプロジェクトの援助を受けて、初めてのオリンピックであるソウルにメンタル担当者が帯同しました。

　ソウルオリンピックには体操、柔道、水泳、卓球の4種目がメンタルを派遣しましたが、卓球のメンタルサポートが他の種目よりも速く行われていました。日本卓球協会医科学委員会ではメンタルだけでなく、医学、栄養、動作分析、情報分析など多くの領域からサポートを行っています。

ジュニア世代のメンタル 子どもとその親にも指導する

　小学生の子どもたちに対してメンタルについて話したり、中学生を集めてナショナルチームの指導者が指導する合宿でメンタルの講義をするなどの機会があります。

　ジュニア世代にもメンタルの考え方は浸透していると思います。子どもたちと話していると感じますが、小学校5・6年生にもなると、わかりやすく内容や話し方を工夫しているとはいえ、しっかりと話についてきます。

　ジュニア世代に指導する際には、子どもだけでなく親も加えて行います。メンタルはプラス思考が重要で、そのためには**試合から帰ってきたときに「頑張ったね」と言ってくれる存在が必要です。それは親の仕事ですから、子どもと一緒に指導した方が効果的です。**

　たくさんの人に話していると、賛同してくれる人がいれば「それは違うのでは」と意見してくる人もいます。それはそれですごく効果があるのではないかと思います。それだけでメンタルについて考えるきっかけになります。

日本チームが今後 世界のトップになるためには

　日本は既に世界トップクラスの実力を持っていると思います。しかし、中国だけは別です。強さも競技人口も圧倒的で、ようやく中国の後ろ姿が見えてきた、というところではないでしょうか。それだけ中国のナショナルチームに勝つというのは簡単ではないのです。

　とはいえ、ジュニア世代からの底上げもできていますし、諦めずに今の調子で強化していけば、中国に届く日はくると思います。そのためには、継続して着実に強くなることが大切です。メンタルにしても、ひとりひとりに合わせてサポートしていけば、強くできるでしょう。

　私たち指導者は全力で支えますが、あとは選手たちそれぞれが自分を信じてやりきれるかにかかってくると思います。それこそ指導では、日本を世界トップクラスまで押しあげることができているわけですから、そこからは個人の問題になってくるのかもしれません。

モデル

大阪桐蔭高等学校　卓球部

　平成2年に創部し、「卓球を究めながら、社会人としても通用する人間を育てる」というポリシーのもと活動。インターハイ17年連続22回の出場や、全国高校選抜23年連続出場をしている。国内だけでなく海外の大会でもニュージーランドユースオープンU-19男子シングルス・ダブルス優勝（平成15年度）という結果を残す。数多くの大会で高い実績を誇り、多くの日本代表選手も輩出している。

協　力

株式会社タマス（バタフライ）
http://www.butterfly.co.jp

卓球レポート編集部
http://www.takurepo.com

スタッフ
カメラ　　柳太
デザイン　居山勝
編集　　　株式会社ギグ

モ デ ル

水谷隼（みずたにじゅん）

1989年生まれ。5歳から卓球を始める。中学2年で出場した全日本卓球選手権ジュニアの部で史上最年少優勝。2006年度の全日本選手権では、史上最年少の17歳7カ月で優勝し、その後5連覇を成す。全日本選手権男子シングルス優勝7回（歴代2位、5連覇含む）。2008年北京オリンピック、2012年ロンドンオリンピックの日本代表。2014年ワールドツアージャパンオープンシングルス準優勝、ダブルス優勝、同年のITTFワールドツアー・グランドファイナル優勝。世界選手権男子ダブルス3位2回。世界卓球ランキングでは5位（2015年5月）に位置するなど、世界を代表するトップ選手である。

モ デ ル

福岡春菜（ふくおかはるな）

1984年生まれ。幼稚園で卓球クラブに入り、全国中学校卓球大会や、インターハイで準優勝。日本大学では2004年ユニバーシアードで優勝。2005年度全日本卓球選手権混合ダブルス優勝。大学卒業後は中国電力に所属し、2006年世界選手権ブレーメン大会団体銅メダル、2008年世界選手権広州大会団体銅メダルを獲得。北京オリンピックでは団体4位、2010年ポーランドオープン女子ダブルス優勝。世界一王子サーブの種類が多いと言われ、国内外の大会で活躍し、2015年現役を引退。現在は結婚し、「鎌田春菜」として中国電力に勤務。

監　修

岡澤祥訓（おかざわよしのり）

1950年生まれ。1974年奈良教育大学・中学校教員養成課程保健体育科卒業、1976年東京教育大学大学院体育学研究科修士課程修了（体育学修士）。

現在、奈良教育大学教授、日本卓球協会メンタル担当。ソウル五輪、バルセロナ五輪、シドニー五輪、大阪世界選手権で卓球ナショナルチームのメンタルサポーターとして活躍。また、長野五輪、ソルトレーク五輪では、ボブスレーナショナルチームのメンタルサポートを務める。

勝利をつかむ！卓球
最強のメンタルトレーニング

2015年8月30日　第1版・第1刷発行
2018年7月 5 日　第1版・第3刷発行

監修者　岡澤祥訓（おかざわよしのり）
発行者　メイツ出版株式会社
　　　　代表者　三渡　治
　　　　〒102-0093 東京都千代田区平河町1丁目1-8
　　　　TEL：03-5276-3050（編集・営業）
　　　　　　　03-5276-3052（注文専用）
　　　　FAX：03-5276-3105
印　刷　株式会社厚徳社

●本書の一部、あるいは全部を無断でコピーすることは、法律で認められた場合を除き、
　著作権の侵害となりますので禁止します。
●定価はカバーに表示してあります。
ⓒギグ, 2015. ISBN978-4-7804-1588-9 C2075　Printed in Japan.

メイツ出版ホームページアドレス http://www.mates-publishing.co.jp/
編集長：折居かおる　企画担当：堀明研斗　制作担当：千代 寧